Chama viva de amor

Dados Internacionais de Catalogação na Publicação (CIP)
(Câmara Brasileira do Livro, SP, Brasil)

Santo, João da Cruz, 1542-1591
  Chama viva de amor / João da Cruz ; tradução das Carmelitas Descalças do Convento de Santa Teresa, do Rio de Janeiro. – Petrópolis, RJ : Vozes, 2025. – (Série Clássicos da Espiritualidade)

  Título original: The living flame of love.
  ISBN 978-85-326-7103-5

  1. Espiritualidade – Cristianismo 2. Espiritualidade – Igreja Católica 3. Misticismo – Igreja Católica I. Título. II. Série.

24-226727   CDD-248

Índices para catálogo sistemático:
  1. Espiritualidade : Cristianismo   248

Eliete Marques da Silva – Bibliotecária – CRB-8/9380

Chama viva de amor

São João da Cruz

Tradução das Carmelitas Descalças do
Convento de Santa Teresa

Petrópolis

Tradução do original em espanhol intitulado *Llama de amor viva*

© 2025, Editora Vozes Ltda.
Rua Frei Luís, 100
25689-900Petrópolis, RJ
www.vozes.com.br
Brasil

Texto extraído das *Obras Completas de São João da Cruz*, Petrópolis, Vozes, em coedição com Carmelo Descalço do Brasil, 7. ed., 2002, organizadas por Frei Patrício Sciadini, O.C.D.

Texto-base original
Obras Completas de San Juan de la Cruz (Texto crítico-popular), editadas por P. Simeón de la Sagrada Família, O.C.D., Burgos, Tipografia da Editora "El Monte Carmelo", 1972.

Todos os direitos reservados. Nenhuma parte desta obra poderá ser reproduzida ou transmitida por qualquer forma e/ou quaisquer meios (eletrônico ou mecânico, incluindo fotocópia e gravação) ou arquivada em qualquer sistema ou banco de dados sem permissão escrita da editora.

CONSELHO EDITORIAL

Diretor
Volney J. Berkenbrock

Editores
Aline dos Santos Carneiro
Edrian Josué Pasini
Marilac Loraine Oleniki
Welder Lancieri Marchini

Conselheiros
Elói Dionísio Piva
Francisco Morás
Teobaldo Heidemann
Thiago Alexandre Hayakawa

Secretário executivo
Leonardo A.R.T. dos Santos

PRODUÇÃO EDITORIAL

Anna Catharina Miranda
Eric Parrot
Jailson Scota
Marcelo Telles
Mirela de Oliveira
Natália França
Priscilla A.F. Alves
Rafael de Oliveira
Samuel Rezende
Verônica M. Guedes

Editoração: Mônica Glasser
Diagramação: Editora Vozes
Revisão gráfica: Nilton Braz da Rocha
Capa: Editora Vozes
Ilustração de capa: Lúcio Américo

ISBN 978-85-326-7103-5

Este livro foi composto e impresso pela Editora Vozes Ltda.

Sumário

Explicação, 7
Prólogo, 9

Canções feitas pela alma na íntima união com Deus, 13

    Canção I, 14

    Canção II, 44

    Canção III, 71

    Canção IV, 134

Explicação

das canções que tratam da mais íntima e subida união e transformação da alma em Deus, pelo Pe. Frei João da Cruz, Carmelita Descalço, a pedido de Dona Ana de Penalosa. Foram compostas na oração, pelo mesmo padre, no ano de 1584.

Prólogo

1. Alguma relutância tive, mui nobre e devota senhora, em explicar estas quatro canções, como Vossa Mercê pediu; porque sendo de coisas tão interiores e espirituais, ordinariamente a linguagem falta. Com efeito, o que é espiritual excede o sensível, e com dificuldade se pode dizer algo da substância do espírito a não ser com profunda penetração deste. Pelo pouco que há em mim, fui diferindo até agora, quando parece ter o Senhor dado alguma luz ao entendimento e infundido algum calor. Assim deve ter sucedido pelo grande desejo de Vossa Mercê, pois como as canções foram feitas para Vossa Mercê, talvez queira Sua Majestade que para Vossa Mercê se expliquem. Animei-me, então, ciente de que por mim mesmo nada direi que valha em coisa alguma, quanto mais em se tratando de matérias tão subidas e substanciais. Por isto, o que houver aqui de mau e errado será somente meu; e assim tudo submeto ao melhor parecer e juízo de nossa Santa Madre Igreja Católica Romana, cuja Regra ninguém erra em seguir. Com este pressuposto, apoiando-me à Sagrada Escritura, e deixando bem entendido como tudo que aqui se disser fica muito inferior ao que nela há, tanto quanto uma pintura em comparação do modelo vivo, atrever-me-ei a dizer o que souber.

2. Não é para admirar faça Deus tão altas e peregrinas mercês às almas que lhe apraz regalar. Na verdade, se considerarmos que é Deus, e que as concede como Deus, com infinito amor e bondade, não nos há de parecer fora de razão. Suas próprias palavras nos afirmam que se alguém o amar, o Pai, o Filho e o Espírito Santo virão fazer nele sua morada (Jo 16,23). E isto se realiza quando Deus leva quem o ama a viver e morar no Pai e no Filho e no Espírito Santo, com vida divina, conforme dá a entender a alma nestas canções.

3. Naquelas canções[1] explicadas anteriormente, tratamos, em verdade, do mais alto grau de perfeição a que a alma pode chegar nesta vida, ou seja, a transformação em Deus; mas nestas de agora falamos do amor mais qualificado e perfeito nesse mesmo estado de transformação. Sem dúvida, tudo quanto se diz numas e noutras é próprio de um só estado de união transformante, o qual em si não pode ser ultrapassado aqui na terra; todavia pode, com o tempo e o exercício, aprimorar-se, como digo, e consubstanciar-se muito mais no amor. Acontece-lhe como à lenha quando dela se apodera o fogo, transformando-a em si pela penetração de suas chamas: embora já esteja feita uma só coisa com o fogo, em se tornando este mais vivo, fica a lenha muito mais incandescente e inflamada, a ponto de lançar de si centelhas e chamas.

---

1. As do *Cântico Espiritual*.

4. Deste abrasado grau se há de entender que fala aqui a alma, estando já de tal modo transformada e aprimorada interiormente no fogo do amor, que não apenas está unida a ele, mas ele lança dentro dela uma viva chama. Assim o sente e assim o exprime nestas canções, com delicada íntima doçura de amor, ardendo nessa chama. Vai, ao mesmo tempo, exaltando nestes versos alguns efeitos que essa chama de amor produz em seu íntimo, os quais serão explicados na mesma ordem das canções precedentes: primeiro porei as canções em conjunto, e depois tomarei cada uma em particular para explicá-la brevemente; por fim tratarei de cada verso de per si.

Canções feitas pela alma na íntima união com Deus

I

Oh! chama de amor viva
Que ternamente feres
De minha alma no mais profundo centro!
Pois não és mais esquiva, Acaba já, se queres,
Ah! rompe a tela deste doce encontro.

II

Oh! cautério suave!
Oh! regalada chaga!
Oh! branda mão! Oh! toque delicado
Que a vida eterna sabe,
E paga toda dívida!
Matando, a morte em vida me hás trocado.

III

Oh! lâmpadas de fogo
Em cujos resplendores
As profundas cavernas do sentido,
– Que estava escuro e cego, –
Com estranhos primores
Calor e luz dão junto a seu Querido!

IV

Oh! quão manso e amoroso
Despertas em meu seio
Onde tu só secretamente moras:
Nesse aspirar gostoso,
De bens e glória cheio,
Quão delicadamente me enamoras!

Canção I

Oh! chama de amor viva,
Que ternamente feres
De minha alma no mais profundo centro!
Pois não és mais esquiva,
Acaba já, se queres,
Ah! rompe a tela deste doce encontro.

Explicação

1. Sente-se a alma já toda inflamada na divina união, com o paladar todo saturado de glória e amor; nada menos do que rios de glória parecem transbordar até o íntimo de sua substância, afogando-a em deleites; sente brotarem de seu seio aqueles rios de água viva que o Filho de Deus declarou haviam de jorrar das almas chegadas a esta união (Jo 7,38). Parece-lhe, pois, estar tão fortemente transformada em Deus, e tão altamente dele possuída, bem como tão cumulada de riquezas preciosas, de dons e virtudes, e tão próxima à bem-aventurança, que dela apenas a separa uma tela finíssima. Vê que a chama delicadíssima de amor em que arde, a cada investida sobre ela, vai glorificando-a com suave e forte glória. De tal maneira que cada vez que essa chama acomete e

absorve a alma, quase parece dar-lhe já a vida eterna, e chegar a romper a tela desta vida mortal, faltando muito pouco para isso. Ao sentir que por este pouco não acaba de ser glorificada essencialmente, dirigese a alma com grande desejo à mesma chama, que é o Espírito Santo, pedindo-lhe que rompa, enfim, esta vida mortal por aquele doce encontro, em que verdadeiramente acabe de comunicar-lhe aquilo que parece ir concedendo de cada vez que a acomete; pede-lhe, em suma, que a glorifique de modo total e perfeito. E assim diz:

Oh! chama de amor viva

2. Para encarecer o sentimento e apreço com que fala nestas quatro canções, a alma emprega, em todas, estes termos: "Oh!" e "quão", os quais significam afetuoso encarecimento, e de cada vez que são ditos revelam do interior mais do que tudo quanto se exprime pela linguagem. A exclamação "Oh!" presta-se para manifestar muito desejo e muita súplica, com força persuasiva; a alma a emprega nesta canção com este duplo objetivo, pois encarece e notifica seu grande desejo, persuadindo ao amor que a desate do corpo.

3. Esta chama de amor é o espírito de seu Esposo, que é o Espírito Santo. Sente-o a alma agora em si, não apenas como fogo que a mantém consumida e transformada em suave amor, mas como fogo que, além disso, arde no seu íntimo, produzindo chama, conforme disse. E essa chama, cada vez que flameja, mergulha a alma em glória, refrigerando-a ao mesmo tempo numa atmosfera

de vida divina. Eis a operação do Espírito Santo na alma transformada em amor: os atos interiores que produz são como labaredas inflamadas de amor, nas quais a alma, tendo a vontade unida a ele, ama de modo elevadíssimo, toda feita um só amor com aquela chama. Daí vêm a ser preciosíssimos os atos de amor feitos então pela alma, e num só deles merece mais e tem maior valor, do que tudo quanto havia feito de melhor em toda a sua vida, antes de chegar a esta transformação. A mesma diferença existente entre o hábito e o ato acha-se, aqui, entre a transformação de amor e a chama de amor, diferença igual, também, à da madeira inflamada e a chama que produz, pois a chama é o efeito do fogo ali presente.

4. Daí podemos concluir que a alma no estado de transformação de amor tem ordinariamente o hábito do mesmo amor, assim como a lenha sempre incandescente pela ação do fogo; seus atos são a chama que se levanta do fogo do amor, e irrompe tanto mais veemente quanto mais intenso é o fogo da união, em cuja chama se unem e levantam os atos da vontade. É esta arrebatada e absorta na própria chama do Espírito Santo, à semelhança daquele anjo que subiu a Deus na chama do sacrifício de Manué (Jz 13,20). Assim, neste estado, a alma não pode fazer atos; é o Espírito Santo que os produz todos, movendo-a a agir; por isso, todos os atos dela são divinos, pois a alma é divinizada e toda movida por Deus. Donde, a cada crepitar dessa chama que a faz amar com sabor e quilate divino, parece-lhe estar recebendo vida eterna, pois é elevada à operação de Deus em Deus.

5. Tal é a linguagem e palavra com que Deus fala nas almas purificadas e limpas, em termos incendidos, conforme disse Davi: "A tua palavra é chama ardente" (Sl 118,14). E o profeta: "Não são as minhas palavras como um fogo?" (Jr 23,29). Essas palavras, segundo afirma o mesmo Senhor no Evangelho de São João, são espírito e vida (Jo 6,64). Percebem-nas as almas que têm ouvidos para ouvi-las; e estas, como digo, são as almas puras e enamoradas. As que não têm o paladar são, e gostam de outras coisas, não podem saborear o espírito e vida que em tais palavras se encerra, antes, pelo contrário, só acham nelas insipidez. Por esta razão, quanto mais sublimes eram as palavras ditas pelo Filho de Deus, tanto maior era o aborrecimento de alguns que estavam imperfeitos; assim sucedeu na pregação daquela doutrina tão saborosa e amável sobre a Sagrada Eucaristia, quando, então, muitos volveram atrás.

6. Pelo fato de tais almas não gostarem dessa linguagem de Deus, falada por Ele no íntimo, não hão de pensar que outras deixam de saboreá-la, conforme vamos explicando aqui, e como experimentou São Pedro em sua alma quando disse a Cristo: "Senhor, a quem havemos de ir? Tu tens palavras de vida eterna" (Jo 6,69). A Samaritana esqueceu a água e o cântaro pela doçura das palavras de Deus (Jo 4,28). Estando, pois, esta alma aqui tão perto de Deus, a ponto de achar-se transformada em chama de amor, em que recebe a comunicação do Pai, do Filho, e do Espírito Santo, por que seria coisa incrível dizer que ela goza um vislumbre de vida eterna, embora

não ainda de modo perfeito, porque não o sofre a condição desta vida? Todavia é tão subido o deleite produzido nela por aquele chamejar do Espírito Santo, que a faz provar o sabor da vida eterna; por isso a alma dá a essa chama o nome de chama viva; não é que não seja sempre viva, mas pelo efeito de vida que produz, fazendo a alma viver espiritualmente em Deus e experimentar vida de Deus, conforme diz Davi: "Meu coração e minha carne gozaram no Deus vivo" (Sl 83,3). Não seria necessário, aliás, dizer Deus vivo, pois sempre Deus o é; mas assim se exprime o profeta para dar a entender que o espírito e o sentido gozavam vivamente de Deus, transformados nele; eis o que seja "gozar em Deus vivo"; e isto é vida de Deus e vida eterna. Não dissera Davi, nesse verso, Deus vivo, se não quisesse manifestar que gozava dele vivamente, embora não perfeitamente, mas só como um vislumbre de vida eterna. Assim a alma, nesta chama, sente tão vivamente a Deus e dele goza com tanto sabor e suavidade, que diz: Oh! chama de amor viva,

Que ternamente feres

7. Isto é, com teu ardor, ternamente me tocas. Sendo uma chama de vida divina, fere a alma com ternura de vida de Deus; e tão intensa e entranhavelmente a fere e a enternece, que chega a derretê-la em amor; para que se realize nessa alma o mesmo que sucedeu à Esposa nos Cantares quando se enterneceu tanto, a ponto de derreter-se, conforme diz ali: "A minha alma se derreteu assim que o Amado falou" (Ct 5,6). Tal é o efeito produzido na alma pelo falar de Deus.

8. Como é possível, no entanto, dizer que a fere, se na alma não há mais o que ferir, estando ela já toda cauterizada pelo fogo do amor? É coisa maravilhosa ver como o amor nunca está ocioso, mas em contínuo movimento, e, como fogo em chamas, está sempre levantando labaredas aqui e ali; e sendo o ofício do amor ferir para enamorar e deleitar, como nessa alma ele se acha em viva chama, está sempre lhe causando suas feridas, quais labaredas terníssimas de delicado amor. Exercita na alma as artes e jogos do amor, mui jucunda e festivamente, como no palácio de suas núpcias, à maneira de Assuero com sua esposa Ester, mostrando então suas graças, descobrindo-lhe suas riquezas e a glória de sua grandeza. Assim faz, para que se cumpra nessa alma a palavra dele expressa nos Provérbios: "Cada dia me deleitava, brincando todo o tempo diante dele, brincando na redondeza da terra, e achando as minhas delícias em estar com os filhos dos homens" (Pr 8,30-31), isto é, em dar-me a eles. Estas feridas, pois, que constituem seus jogos, são labaredas de ternos toques dados na alma, por instantes, provenientes do fogo do amor que nunca está ocioso; esses toques, diz, acontecem e ferem

De minha alma no mais profundo centro

9. De fato, na substância da alma, onde nem o centro do sentido nem o demônio podem chegar, é que se passa esta festa do Espírito Santo. Consequentemente, é tanto mais segura, substancial e deleitosa, quanto mais interior; pois quanto mais interior, tanto mais pura; e

quanto maior é a pureza, tanto mais abundante, frequente e geral é a comunicação de Deus. Assim, torna-se mais intenso o deleite e gozo da alma e do espírito, porque é Deus quem tudo opera, sem que a alma de sua parte nada faça. Porquanto a alma não pode fazer coisa alguma por si mesma se não for mediante o sentido corporal e por ele ajudada; e como no estado em que se acha está muito longe e muito livre dele, ocupa-se então unicamente em receber de Deus. Só Ele é que pode, no fundo da alma, sem ajuda dos sentidos, fazer sua obra e movê-la a agir. Assim, todos os movimentos dessa alma são divinos; e embora sejam dele, são também dela, porque é Deus quem os produz na alma com ela, dando esta a sua vontade e consentimento. Em dizer que fere no mais profundo centro de sua alma, dá a entender que tem ela outros centros não tão profundos; e isto convém aqui advertir como seja.

10. Primeiramente, devemos saber que a alma como substância espiritual não tem alto nem baixo nem maior ou menor profundidade em seu próprio ser, como têm os corpos quantitativos. Como nela não há partes distintas, não existe diferença entre interior e exterior, pois é um todo simples e não tem centro quantitativamente mais ou menos profundo quanto à extensão; não pode estar mais iluminada em uma parte do que em outra, como os corpos físicos, mas a luz que recebe, seja mais ou menos intensa, penetra-a totalmente, do mesmo modo que o ar recebe ou não a luz, mais ou menos forte, nele todo.

11. Damos o nome de centro mais profundo de alguma coisa, ao que constitui o ponto extremo de sua substância e virtude, e onde se encerra a força de suas operações e movimentos, e que não pode ser ultrapassado. Por exemplo, o fogo, ou a pedra, têm capacidade e movimento natural, e também força, para chegar ao centro de sua esfera, que não podem ultrapassar, mas ao qual não deixam de chegar e de nele permanecer, a menos que sejam impedidos por algum obstáculo contrário e violento. Consequentemente, podemos dizer que a pedra, quando está algum tanto dentro da terra, embora não seja no ponto mais profundo, contudo está de certo modo em seu centro, pelo fato de achar-se dentro da esfera de seu centro, para o qual tende a sua atividade e movimento. Não diremos, porém, que está no mais profundo centro, que é o ponto central da terra; ainda lhe resta capacidade, força e inclinação para descer, chegando até o mais extremo e profundo centro, se lhe tirarem o impedimento que a detém de cair; só quando chegasse ao ponto central, e não tivesse mais força e tendência para descer, então diríamos que está no seu mais profundo centro.

12. O centro da alma é Deus. Quando ela houver chegado a Ele, segundo toda a capacidade de seu ser, e a força de sua operação e inclinação, terá atingido seu último e mais profundo centro em Deus; isto se realizará quando a alma com todas as suas forças compreender, amar e gozar plenamente a Deus. Não havendo chegado a tanto, como sucede nesta vida mortal em que a alma

não pode ainda unir-se a Deus com a totalidade de suas forças, está sem dúvida no seu centro que é o mesmo Deus, mediante a graça e comunicação que dele recebe; contudo tem ainda força e movimento para ir mais avante, e não está satisfeita, porque, embora se ache no seu centro, não chegou ainda a maior profundidade, e pode penetrar mais adentro na profundeza de Deus.

13. Observemos como o amor é a inclinação da alma, e a sua força e potência para ir a Deus; pois é mediante o amor que a alma se une com Deus; e, assim, quanto mais graus de amor tiver, tanto mais profundamente penetra em Deus e nele se concentra. Donde chegamos à seguinte conclusão: na mesma proporção dos graus de amor divino possuídos pela alma, são os centros que ela pode ter em Deus, cada um deles mais profundo do que outro; porque o amor, quanto mais forte, mais unitivo. Desse modo podemos interpretar aquelas muitas moradas que, no dizer do Filho de Deus, há na casa do Pai celeste (Jo 14,12). Logo, para a alma estar em seu centro que é Deus, basta-lhe ter um só grau de amor, pois com este único grau une-se com Deus pela graça. Se tivesse dois graus, ter-se-ia unido mais a Deus, concentrando-se nele mais adentro; se chegar a possuir três graus, aprofundar-se-á em três centros; finalmente, atingido o último grau, o amor de Deus conseguirá ferir até nesse último e mais profundo centro da alma, transformando-a, então, e iluminando-a totalmente, na sua íntima substância, potência e virtude, segundo a capacidade dela. Chegará o amor a ponto de colocá-la num

estado em que ela parece Deus. E isto à semelhança da luz quando investe um cristal puro e limpo: quanto mais numerosos forem os raios de luz sobre ele dardejados, tanto mais luminosidade vai sendo ali concentrada, e o cristal vai brilhando mais ainda. Pode até chegar a receber tal profusão de luz que venha a parecer transformado na própria luz, e não haja mais diferença entre o cristal e a luz, porque está iluminado por ela tanto quanto lhe é possível recebê-la e assim parece ser a própria luz.

14. Quando, pois, a alma diz aqui que essa chama de amor a fere em seu mais profundo centro, quer manifestar como o Espírito Santo a fere e investe no âmago de sua substância, energia e força. Não quer, com suas palavras, dar a entender que esta investida de amor seja tão substancial e plena como será na visão beatífica de Deus na outra vida; porque mesmo em chegando a alma, nesta vida mortal, a estado tão sublime de perfeição, qual aqui o descreve, jamais alcança, nem lhe é possível alcançar, o estado perfeito da glória, embora possa talvez suceder que Deus lhe faça de passagem alguma mercê semelhante. A alma usa desta expressão para significar a profusão e abundância de deleite e glória que experimenta no Espírito Santo, por esta espécie de comunicação; deleite tanto mais intenso e mais terno quanto mais forte e mais substancialmente está transformada e concentrada em Deus. E, por ser este estado o grau máximo que nesta vida se pode gozar (embora, conforme dissemos, não seja tão perfeito como na eternidade), por esta razão, a alma lhe dá o nome de mais profundo centro. Pode acontecer,

talvez, que o hábito da caridade, na alma, seja tão perfeito nesta vida como na outra; mas não será assim quanto à sua operação ou seu fruto, embora esta operação e fruto do amor cresçam tanto neste estado, que se tornam muito semelhantes aos da outra vida. De tal maneira, parece aos olhos da alma ser assim, que se atreve a dizer aqui o que somente se ousa dizer da vida eterna, usando desta expressão: de minha alma no mais profundo centro.

15. Como as coisas raras e pouco experimentadas são mais maravilhosas e menos críveis, e entre elas se acha esta que referimos, da alma neste estado, não duvido que algumas pessoas, pelo motivo de não o entenderem por ciência nem o saberem por experiência, não o hão de crer, ou o terão por demasia, ou, ainda, pensarão que não é tanto como na realidade acontece. A todos respondo: o Pai das luzes, cuja mão não é abreviada, e com abundância derrama suas graças sem fazer acepção de pessoas e, por toda parte onde acha lugar, difunde-se como o raio de sol, e a todos se mostra com alegria nos caminhos e encruzilhadas, não hesita nem se dedigna de ter seus deleites com os filhos dos homens de mão dada sobre a redondeza da terra. Não havemos de considerar inacreditável que a uma alma já examinada, provada e purificada no fogo das tribulações e trabalhos, e por grande variedade de tentações, e achada fiel no amor, seja recusado nesta vida o cumprimento da promessa feita pelo Filho de Deus quando disse: se alguém o amasse, a este viria a Santíssima Trindade para estabelecer nele a sua morada (Jo 14,23). E isto significa para a alma ter

o entendimento divinamente ilustrado na sabedoria do Filho, a vontade inebriada de deleite no Espírito Santo, absorvendo-a o Pai, forte e poderosamente, no abraço e abismo de sua doçura.

16. Se Deus age assim com algumas almas, como é verdade que costuma agir, esta de que tratamos, bem podemos crer não ficará atrás nestas mercês divinas. Com efeito, o que dizemos aqui, relativamente à operação do Espírito Santo na alma, é muito mais do que costuma suceder na comunicação e transformação de amor; porque, no primeiro caso, é como brasa incandescente, e, no segundo, não só como brasa inflamada no fogo, mas lançando labaredas de chama viva. Assim, estas duas espécies de união, isto é, a simples união de amor, e a união com inflamação de amor, podem ser de certo modo comparadas ao "fogo de Deus, referido por Isaías, que está em Sião, e à fornalha de Deus que está em Jerusalém" (Is 31,9). O primeiro simboliza a Igreja militante, na qual o fogo da caridade não atingiu ainda o grau extremo; e o segundo significa a Igreja triunfante, que é visão de paz, onde o fogo já está como fornalha abrasada em perfeição de amor. Esta alma de que falamos, sem dúvida, não chegou a tanta perfeição; todavia, em comparação à simples união de amor, está como fornalha acesa, e goza de visão tanto mais pacífica, terna e gloriosa, quanto mais clara e resplandecente é a chama, assim como o fogo ateado no carvão.

17. Ao sentir, portanto, a alma que esta chama viva de amor lhe está vivamente comunicando todos os bens,

pois este divino amor tudo traz consigo, diz: Oh! chama de amor viva, que ternamente feres. É como se dissesse: Oh! abrasado amor, que com teus amorosos movimentos, deliciosamente me glorificas, conforme toda a capacidade e força de minha alma! A saber: dando-me inteligência divina, segundo toda a aptidão e capacidade de meu entendimento, comunicando-me amor em proporção de toda a força de minha vontade; e ao mesmo tempo deleitando-me na íntima substância de mim mesma, com a torrente de tuas delícias, por teu divino contato e união substancial, segundo a maior pureza de minha substância, bem como toda a capacidade e extensão de minha memória. Na realidade, é isto que se passa e ainda muito mais que tudo quanto se pode e consegue dizer, ao levantar-se na alma essa chama de amor. Por estar já bem purificada em sua substância e potências – memória, entendimento e vontade –, então a substância divina que todas as coisas alcançam por sua pureza, como diz o Sábio (Sb 7,24), com sua divina chama mui profunda, sutil e elevadamente absorve a alma em si; e nesta absorção da alma pela Sabedoria, o Espírito Santo exercita as vibrações gloriosas de sua chama, cuja suavidade faz a alma dizer logo:

Pois não és mais esquiva

18. Querendo dizer: pois agora não me afliges mais, nem apertas, nem fatigas como outrora fazias. De fato, convém saber que esta chama de Deus, quando a alma se achava em estado de purificação espiritual, isto é, quan-

do começava a entrar na contemplação, não lhe era tão amiga e suave como agora neste estado de união. Para explicar como isto seja, havemos de nos deter um pouco.

19. Precisamos saber, a tal respeito, que antes de introduzir-se este divino fogo na alma, e unir-se à sua substância em completa purificação e perfeita pureza, esta chama, que é o Espírito Santo, está ferindo sempre a alma, a fim de gastar e consumir as imperfeições dos maus hábitos que nela há. Esta é a operação própria do Espírito Santo com a qual Ele dispõe a alma para a divina união e transformação de amor em Deus. Notemos bem como este fogo de amor, que na união glorificará a alma, é o mesmo que investe primeiramente sobre ela purificando-a. Age de modo análogo ao fogo material sobre a madeira: em primeiro lugar, a investe e fere com sua chama, secando e consumindo os elementos que lhe são contrários, e assim vai dispondo a madeira, com o seu calor, a fim de penetrar mais profundamente nela e transformá-la em fogo. A isto, os espirituais dão o nome de via purgativa. Em tal exercício a alma padece muito detrimento, e sente graves penas no espírito, as quais ordinariamente vêm a repercutir no sentido, pois esta chama de amor lhe é ainda muito esquiva. De fato, quando a alma se acha no estado de purificação a chama não brilha, antes causa obscuridade; ou se alguma luz proporciona, é somente para a alma ver e sentir suas misérias e defeitos. Também não lhe é suave, mas, ao contrário, é penosa; porque se algumas vezes ateia na alma calor de amor, é com tormento e angústia. Assim, não lhe traz

deleite, antes lhe causa secura; embora, às vezes, por sua benignidade lhe conceda gosto, para esforçá-la e animá--la, todavia, antes e depois que isto acontece, costuma contrabalançar e pagar com outro tanto de trabalho. Não é tampouco reconfortante e pacífica, ao contrário, é chama destrutiva e exigente fazendo a alma desfalecer e penar no conhecimento próprio. E assim, não lhe traz glória, mas antes põe a alma miserável e amargurada nessa luz espiritual de conhecimento próprio que lhe é infundido; Deus põe fogo em seus ossos, conforme diz Jeremias (Lm 1,13), a fim de ensiná-la, examinando-a no fogo, segundo afirma também Davi (Sl 16,3).

20. Eis por que durante todo este tempo a alma padece no entendimento profundas trevas; na vontade experimenta grandes securas e angústias; na memória sofre amarga lembrança de suas misérias; assim lhe acontece por ter então o olhar espiritual muito esclarecido nessa luz do conhecimento próprio. Na substância interior (no íntimo de si mesma) sofre desamparo e suma pobreza sentindo-se ora fria e seca, ora fervorosa, sem, contudo, achar alívio em coisa alguma. Nenhum pensamento lhe dá consolo; nem mesmo pode levantar o coração a Deus. Mostra-se tão esquiva essa chama de amor que a alma pode repetir a palavra de Jó quando era exercitado por Deus em semelhante provação: "Tu te trocaste em cruel para comigo" (Jó 30,21). Com efeito, ao sofrer todas estas coisas juntas, tem a alma a impressão de que Deus verdadeiramente se tornou cruel e irritado contra ela.

21. Não se pode encarecer o sofrimento da alma neste tempo; é, por assim dizer, pouco menos do que um purgatório. Por mim, não saberia agora dar a entender qual seja a intensidade desta esquivança, nem até onde chega a pena e sentimento que produz na alma a não ser com as palavras de Jeremias a este propósito: "Homem sou eu que vejo a minha pobreza debaixo da vara da sua indignação. Conduziu-me e levou-me às trevas, e não à luz. Não fez senão virar e revirar contra mim a sua mão todo o dia. Fez envelhecer a minha pele, e a minha carne, quebrantou os meus ossos. Edificou ao redor de mim, e me cercou de fel e de trabalho. Pôs-me em lugares tenebrosos, como os que estão mortos para sempre. Edificou em torno de mim, para que eu não saia; agravou os meus grilhões. E ainda quando eu clamar e rogar, Ele exclui minha oração. Fechou os meus caminhos com pedras de silharia, subverteu as minhas veredas" (Lm 3,1-9). Tudo isto diz Jeremias, e continua dizendo ainda muito mais. Como por este meio Deus está medicando a alma e curando-a de suas muitas enfermidades para dar-lhe saúde, forçosamente há de causar-lhe dor na medida da doença, nessa purificação e cura; é aqui que Tobias põe o coração sobre as brasas, a fim de que dele seja extirpada e expelida toda casta de demônios (Tb 6,8). Desse modo, vão agora saindo à luz todas as enfermidades da alma, postas assim com grande sentimento diante de seus olhos, para que sejam curadas.

22. As fraquezas e misérias que a alma tinha antes em si, inveteradas e ocultas – as quais até então não percebia

nem sentia –, agora, com a luz e calor do fogo divino, as vê e sente. Assim como não se conhece a umidade da madeira enquanto o fogo não a faz ressumar, crepitar e fumegar; do mesmo modo sucede à alma imperfeita em relação a esta chama. De fato – oh! maravilha! –, levantam-se dentro da alma, a este tempo, contrários contra contrários; os da alma contra os de Deus que investem sobre ela; e, como dizem os filósofos, querem prevalecer uns sobre os outros, entrando em guerra dentro da alma, estes querendo expelir aqueles a fim de reinarem sobre ela. Em uma palavra, as virtudes e propriedades de Deus, que são extremamente perfeitas, combatem contra os hábitos e propriedades extremamente imperfeitas da alma, e ela padece em si dois contrários. Como esta chama é de excessiva luz, ao investir sobre a alma brilha nas trevas igualmente excessivas que aí se acham; e a alma sente suas obscuridades naturais e viciosas em oposição a essa luz sobrenatural que ela não percebe pelo fato de não a possuir em si como possui as suas próprias trevas; e as trevas não compreendem a luz. E, assim, a alma sente suas próprias trevas na medida em que a luz divina investe sobre elas; porque não as pode ver sem essa luz de Deus. Desse modo as verá, até que sejam dissipadas por essa mesma luz, e a alma seja iluminada por ela, vendo então em si a luz na qual será transformada, depois de ter sido purificado e fortalecido o seu olho espiritual pela luz divina. Com efeito, a irradiação de uma intensa luz na vista fraca e doente deixará esta inteiramente em trevas, ficando a potência visual vencida pelo intenso excitante sensível. Eis por que esta chama era esquiva ao olho do entendimento.

23. Sendo esta chama em si extremamente amorosa, fere a vontade com ternura e amor; mas como a vontade em si é extremamente seca e dura, e o que é duro se sente por contraste com o que é suave, e a secura por contraste ao amor, quando tal chama investe assim com ternura e amor sobre a vontade, esta sente sua própria e natural dureza e secura para com Deus. Não sente, portanto, o amor e a ternura da chama –, por estar prevenida com sua natural dureza e secura, que não comportam os dois contrários, ternura e amor. Só o sentirá quando forem aqueles vencidos por estes, reinando por fim, na vontade, unicamente ternura e amor de Deus. Por esta razão é que a chama era esquiva para a vontade, dando-lhe a sentir e padecer a própria dureza e secura. E, nem mais nem menos, sendo essa chama muito ampla e imensa, enquanto a vontade é estreita e apertada esta sentirá sua estreiteza e aperto nas investidas da chama, até que seja, por fim, dilatada e alargada em sua capacidade para recebê-la. A chama de amor é também saborosa e doce; ora, a vontade tinha o paladar espiritual desregrado pelos humores das afeições desordenadas; e, assim, achava desgosto e amargura nessa chama, não podendo saborear o manjar dulcíssimo do amor de Deus. Dessa maneira a vontade sofre angústia e fastio com esta amplíssima e saborosíssima chama, sem lhe sentir o gosto, porque não a experimenta em si mesma: na verdade só sente o que tem em si, e é a sua miséria. Finalmente, esta chama

contém imensas riquezas, bondade e deleites; e a alma sendo, de si mesma, paupérrima, não possuindo bem algum, nem coisa de que se possa satisfazer, conhece claramente sua pobreza, miséria, e malícia, em contraste com essas riquezas, bondade e delícias da chama que não lhe são conhecidas; pois a malícia não compreende a bondade, nem a pobreza as riquezas. Só as conhecerá quando esta chama acabar de purificar a alma, e mediante a sua transformação a enriqueça, glorifique e delicie. Eis a razão por que a chama antes lhe era esquiva, mais do que tudo quanto se possa dizer nessa peleja íntima de contrários contra contrários, isto é, de Deus, que encerra todas as perfeições, contra todos os hábitos imperfeitos da alma; até que a mesma chama, transformando-a em si, chegasse a abrandá-la, pacificá-la e esclarecê-la, à maneira do fogo na madeira quando nela penetra.

24. Esta purificação em poucas almas é assim tão forte; só mesmo naquelas que o Senhor quer elevar ao mais alto grau de união. A cada uma, com efeito, Ele purifica mais ou menos intensamente segundo o grau a que tenciona elevá-la, e também conforme a impureza e imperfeição da alma. Esta pena, portanto, é semelhante à do purgatório; como ali se purificam os espíritos para serem capazes de contemplar a Deus na clara visão da outra vida, assim aqui, a seu modo, vão sendo purificadas as almas, a fim de poderem ser transformadas nele por amor, na vida presente.

25. Não direi como seja a intensidade desta purificação, nem os seus graus para mais ou para menos; nem

quando se realiza no entendimento, na vontade, ou na memória, e quando se opera na substância da alma ou nela toda; também não falarei quando é feita na parte sensitiva, ou como se há de conhecer quando se trata de uma ou de outra espécie, nem a que tempo, ou ponto, ou época tem seu início no caminho espiritual. Tudo isso explicamos na *Noite escura* da *Subida do Monte Carmelo*; e não é necessário, para nosso assunto, repetir aqui. Basta saber agora que o mesmo Deus, que quer penetrar na alma por união e transformação de amor, é quem antes estava investindo sobre ela, a fim de purificá-la com a luz e calor de sua divina chama, tal como o fogo que se ateia na madeira é o mesmo que primeiro a dispõe, conforme dissemos. Assim, a mesma chama que agora é cheia de suavidade para a alma, já estando dentro dela e possuindo-a, era-lhe antes esquiva estando fora e investindo sobre ela.

26. É isto o que quer dar a entender a alma quando diz no presente verso: Pois não és mais esquiva. Em suma, é como se dissesse: pois já não somente não me és obscura como outrora, mas, ao contrário, és a divina luz de meu entendimento com a qual te posso olhar. E em vez de causares desfalecimento à minha fraqueza natural, agora és a fortaleza de minha vontade, com que te posso amar e em ti achar meu gozo, já estando eu toda transformada em teu divino amor. Já não és peso e angústia para a substância de minha alma, mas sim glória, deleite e dilatação dela, porque agora pode ser dito de mim o que se canta nos divinos Cantares

com estas palavras: "Quem é esta, que sobe do deserto, inebriada de delícias, apoiada sobre o seu Amado" (Ct 8,5), derramando amor aqui e ali? Visto que assim é,

Acaba já, se queres

27. Isto é, acaba de consumar perfeitamente comigo o matrimônio espiritual por meio da tua visão beatífica – pois é esta a que a alma pede. E embora seja verdade que, neste sublime estado, ela está tanto mais conformada e satisfeita quanto maior é a sua transformação no amor, e nada saiba ou acerte a pedir para si, mas quer que tudo seja somente para o Amado, porque a caridade, conforme afirma São Paulo (1Cor 13,5), não busca seus interesses e sim os de Deus, contudo a alma, por viver ainda na esperança, não pode deixar de sentir algum vazio. Por tal motivo, geme – embora com suavidade e deleite – tanto quanto lhe falta ainda para a perfeita posse da adoção dos filhos de Deus, a qual, uma vez alcançada, realizará a consumação de sua glória, e só então se aquietará seu desejo. Este não se pode fartar ou satisfazer nesta vida, mesmo na maior união da alma com Deus, senão quando aparecer a glória divina (Sl 16,15). Assim é, sobretudo se já lhe foi dado prelibar o sabor dessa glória, como sucede neste estado, e tão intensamente, que se Deus não sustentasse também o corpo, amparando-o com sua destra (como fez com Moisés na pedra para que pudesse contemplar a sua glória sem morrer, Ex 33,22), sucumbiria a natureza a cada uma dessas labaredas da chama de amor, e

morreria, não havendo na parte inferior capacidade para suportar tão abrasado e sublime fogo de glória.

28. Neste desejo, portanto, e no pedido expresso por ele, não há pena alguma, pois a alma não a pode ter neste estado; é um desejo suave e deleitoso, em que pede a conformidade do espírito com o sentido, e assim canta o verso: acaba já, se queres. Com efeito, acha-se a vontade, em seu desejo, de tal modo unificada com Deus, que põe toda a sua glória no cumprimento da vontade divina. São tais, porém, os assomos de glória e amor que transparecem nestes toques, ficando detidos à porta da alma, sem que possam nela penetrar por causa da estreiteza da casa terrestre, que na verdade seria prova de pouco amor não pedir acesso àquela perfeição e cumprimento do amor. Além disso, a alma ali percebe, como, naquela força deliciosa em que o Esposo se comunica, o Espírito Santo a está provocando e convidando com aquela imensa glória que lhe põe diante dos olhos; e como por meios admiráveis, com afetos suavíssimos, está Ele dizendo ao seu espírito as palavras que diz à Esposa dos Cantares, e que esta refere assim: "Vede o que o meu Amado me está dizendo: Levanta-te, apressa-te, amiga minha, pomba minha, formosa minha, e vem. Porque já passou o inverno, já se foram e cessaram de todo as chuvas. Apareceram as flores na nossa terra, chegou o tempo da poda; ouviu-se na nossa terra a voz da rola; a figueira começou a dar os seus frutos; as vinhas em flor espalharam seu perfume. Levanta-te, amiga minha, formosa minha, e vem, pomba minha, nas aberturas da

pedra, na concavidade do muro, mostra-me a tua face, ressoe a tua voz aos meus ouvidos, porque a tua voz é doce, e a tua face graciosa" (Ct 2,10-14). Todas estas coisas sente a alma, entendendo-as clarissimamente em seu sentido sublime de glória, tal como o Espírito Santo lhe está mostrando naquele terno e suave chamejar, desejoso de introduzi-la nessa mesma glória. Eis por que, provocada, responde a alma aqui exclamando: "acaba já, se queres"; e nisto, faz ao Esposo as duas petições que Ele nos ensinou no evangelho: "Venha a nós o vosso reino"; "seja feita a vossa vontade" (Mt 6,10). É, pois, como se dissesse: acaba, por assim dizer, de dar-me este reino se queres, isto é, se for de tua vontade. E para que na realidade o seja,

Ah! rompe a tela deste doce encontro

29. Esta tela é o obstáculo a tão importante obra; porque é coisa fácil unir-se a Deus quando são tirados os obstáculos, e rasgadas as telas que impedem a junção entre a alma e Deus. As telas que podem impedir essa junção, e que se hão de romper para efetuá-la e a alma possuir perfeitamente a Deus, podemos dizer que são três: a primeira é temporal, e nela estão compreendidas todas as criaturas; a segunda é natural, compreendendo todas as operações e inclinações puramente naturais; a terceira é sensitiva, e consiste unicamente na união da alma com o corpo, isto é, na vida sensitiva e animal a que se refere São Paulo quando diz: "Sabemos que, se esta nossa casa terrestre for destruída, temos uma

habitação de Deus nos céus" (2Cor 5,1). As duas primeiras telas necessariamente hão de estar rompidas para a alma chegar a esta posse de Deus na união, na qual todas as coisas do mundo já estão negadas e renunciadas, e todos os apetites e afetos naturais se acham mortificados, estando já as operações da alma transformadas de naturais em divinas. Tudo isso se foi rompendo na alma, pela ação dos encontros esquivos da chama de amor, quando esquivamente a feria. De fato, com a purificação espiritual já explicada acima, a alma acaba de romper essas duas telas, e passa então a unir-se com Deus, como agora se acha; não lhe resta mais senão romper a terceira, que é a tela da vida sensitiva. Por isso, aqui só fala em tela, e não em telas; porque não há senão uma para romper, e esta já está tão sutil, fina e espiritualizada na união com Deus, que a chama de amor não a ataca de modo rigoroso como fazia nas outras duas. Ao contrário, investe saborosa e docemente; por tal razão, a alma, ao invocá-la, denomina-a "doce encontro": tanto mais doce e saboroso quanto mais lhe parece que vai romper a tela da vida.

30. Convém saber, a tal respeito, que a morte natural das que chegam a esse estado, embora seja semelhante às outras quanto à própria condição da morte, é, todavia, muito diferente quanto à causa e modo; porque se os outros morrem em consequência de enfermidade ou velhice, esses de que tratamos aqui, morrendo efetivamente de doença ou em idade avançada, não é isso, todavia, que lhes tira a vida, e sim algum ímpeto e encontro de amor muito mais subido do que os antecedentes, e bem

mais poderoso e eficaz, pois consegue romper a tela, e arrebatar a joia da alma. Assim, a morte de semelhantes almas é suavíssima e dulcíssima, muito mais do que lhes foi a vida espiritual inteira; morrem com os mais subidos ímpetos e deliciosos encontros de amor, assemelhando-se ao cisne que canta mais suavemente quando vai morrer. Daí vem a palavra de Davi: "Preciosa é diante do Senhor a morte de seus santos" (Sl 115,15). Com efeito, é então que se vêm concentrar todas as riquezas da alma, e os rios de amor que estão nela vão perder-se no oceano, já tão largos e caudalosos que já parecem mares. Aqui se juntam os seus tesouros do primeiro ao último, para acompanharem o justo que parte e vai para seu reino; ouvem-se desde as extremidades da terra, conforme diz Isaías, os louvores que são as glórias do justo (Is 24,16).

31. No tempo desses gloriosos encontros, sente-se, pois, a alma já no ponto de sair para tomar posse perfeita e completa de seu reino, a julgar pela abundância de bens de que se vê enriquecida. Reconhece aqui, efetivamente, que está pura, rica e cheia de virtudes, e já disposta para alcançar aquele reino; porque neste estado Deus permite à alma ver sua própria formosura, confiando-lhe as virtudes e dons que lhe concedeu, pois tudo se lhe converte em amor e louvores, sem sombra de presunção ou vaidade, já não havendo fermento de imperfeição que possa corromper a massa. Como a alma percebe não lhe faltar mais que rasgar esta frágil tela da vida natural em que se vê enredada, com a sua liberdade presa e impedida, arde em desejo de ser desatada e ver-se

com Cristo (Fl 1,23), tendo lástima de que uma vida tão baixa e fraca seja obstáculo a outra tão alta e forte. Por isso, pede que se rompa, dizendo: Ah! rompe a tela deste doce encontro.

32. Dá-lhe o nome de tela por três razões: primeira, pela ligação que há entre o espírito e a carne; segunda, por estabelecer separação entre Deus e a alma; terceira, porque assim como não sendo a tela muito grossa e opaca, deixa transparecer a luz, do mesmo modo acontece neste estado. Afigura-se este entrelaçamento da vida uma tela tão transparente, por estar já muito espiritualizada, esclarecida, e delgada, que não é possível deixar de transluzir por ela algum reflexo da Divindade. E como a alma experimenta a fortaleza da outra vida, evidentemente vê a fraqueza desta em que se acha agora, e assim lhe parece ser uma tela finíssima, ou mesmo uma teia de aranha, conforme a chama Davi, dizendo: "Os nossos anos serão considerados como uma teia de aranha" (Sl 89,9). E ainda parece muito menos, aos olhos da alma assim engrandecida; porque, achando-se unida aos mesmos sentimentos de Deus, compreende as coisas como o próprio Deus, diante de quem mil anos, diz também Davi, são como o dia de ontem que passou (Sl 89,4), e na sua presença todos os povos, segundo a palavra de Isaías (Is 40,17), são como se não fossem. Este mesmo valor lhes dá a alma: para ela todas as coisas são nada, e ela própria é nada a seus olhos. Só o seu Deus, para ela, é tudo.

33. Notemos, porém, aqui o seguinte: qual a razão de pedir que rompa a tela, e não que a corte ou acabe,

quando todos estes termos parecem significar a mesma coisa? Podemos responder que há quatro razões para isso. A primeira é para falar com maior exatidão, pois é mais próprio do encontro romper do que cortar ou acabar. A segunda é porque o amor gosta de mostrar sua força, e de dar assaltos violentos e impetuosos, e assim exercita-se mais em romper do que em cortar ou acabar. A terceira é por desejar o amor que a sua ação seja muito rápida, a fim de que ela se realize depressa, e tanto mais forte e vigorosa será quanto mais rápida e espiritual, pois a força concentrada é mais poderosa do que quando se dispersa; a ação do amor na alma é como a forma na matéria que se introduz num instante, e até então não havia ato, mas sim disposições para ele. Assim, os atos espirituais se realizam na alma num só instante, quando são infundidos por Deus; quanto àqueles, porém, que a alma produz por si mesma, mais se podem chamar disposições formadas por desejos e afetos sucessivos, e nunca chegam a ser atos perfeitos de amor ou contemplação, a não ser algumas vezes quando, conforme digo, Deus mesmo as forma e aperfeiçoa no espírito com grande rapidez. Por isso disse o Sábio que o fim da oração é melhor que o princípio (Ecl 7,9) e, como se costuma dizer, a oração breve penetra os céus. Daí se infere que a alma já preparada pode fazer atos mais numerosos e intensos em menos tempo do que outra, não disposta, faria em muito; e, ainda mais, quando a disposição é perfeita, costuma permanecer por muito tempo no ato de amor ou contemplação. Para a alma que não está preparada tudo se emprega em dispor o espírito, e mesmo depois disso o fogo ainda custa a atear-se na madeira, seja por causa da muita umidade dela, seja pelo calor insuficiente, ou por ambos os motivos. Naquela, porém, que já está disposta, a ação do amor penetra em momentos, pois a cada contato dele a centelha se inflama na madeira já seca. Eis por que a alma enamorada deseja mais a brevidade do romper do que o tempo de cortar e acabar. A quarta é para que se acabe mais depressa a tela da vida. Com efeito, para cortar e acabar alguma coisa, age-se com mais detença esperando que esteja sazonada ou acabada, ou qualquer outra condição; mas para romper, parece que não se espera o tempo adequado nem outra circunstância alguma.

34. Na verdade isto quer a alma enamorada, que não sofre dilações na espera de que se lhe acabe naturalmente a vida, nem de que lhe seja cortada em determinado tempo; porque a força do amor, e a disposição que vê em si, levam-na a querer e pedir que se rompa logo a vida por algum encontro ou ímpeto sobrenatural de amor. Sabe muito bem como Deus costuma levar antes do tempo aqueles a quem muito ama, aperfeiçoando neles em breve tempo, mediante o seu amor, o que em todo o decorrer da vida iriam adquirindo com seu passo ordinário. Assim o exprime a palavra do Sábio: "Tendo-se tornado agradável a Deus, foi por Ele amado, e foi transferido do meio dos pecadores entre os quais vivia. Foi arrebatado para que a malícia não lhe mudasse o modo de pensar, ou para que as aparências enganadoras não seduzissem a

sua alma... Tendo vivido pouco, encheu a carreira duma larga vida; porque a sua alma era agradável a Deus; por isso Ele se apressou em tirá-lo do meio das iniquidades" (Sb 4,10.11.13.14). Estas as palavras do Sábio. Nelas se verá com quanta razão e propriedade emprega a alma o termo "romper"; pois o Espírito Santo ali emprega dois termos, "arrebatar" e "apressar", que são alheios de toda dilação. Em dizer "Deus se apressou" dá a entender a presteza com que Ele quis aperfeiçoar em breve o amor do justo; e o termo "arrebatar" significa levar antes do tempo natural. É, pois, coisa de muita importância para a alma exercitar-se em atos de amor durante esta vida, a fim de que, consumando-se em breve, não demore muito aqui ou lá para ver a Deus.

35. Vejamos, porém, agora, por que se dá também a esta investida interior do Espírito Santo o nome de "encontro", de preferência a qualquer outro. A razão é a seguinte: como a alma sente em Deus imensa vontade de que se lhe acabe a vida, conforme ficou dito, e como isso não se realiza, por não haver ainda chegado o tempo de sua perfeição, claramente vê que o amor a acomete com essas investidas divinas e gloriosas, à maneira de encontros. Como têm por fim consumá-la, tirando-a da carne, verdadeiramente são encontros mediante os quais o amor penetra sempre mais na alma, endeusando-a em sua íntima substância, e tornando-a divina; e nisto é a alma absorvida, sobre todo ser criado pelo Ser de Deus. Assim acontece porque Deus encontrou a alma e a traspassou vivamente pelo Espírito Santo, cujas comunica-

ções são impetuosas quando se tornam abrasadas, como neste encontro. E a alma, por experimentar vivo gozo de Deus, o chama aqui doce encontro. Não quer com isso dizer que muitos outros toques e encontros recebidos neste estado deixem de ser doces; mas esse, por sua eminência, ultrapassa todos, pois, como dissemos, Deus nele age com o fim de desatar a alma do corpo e glorificá-la depressa; e daí lhe nascem asas para dizer: "Rompe a tela deste doce encontro".

36. Resumindo agora, pois, toda a canção, é como se dissesse: Oh! chama do Espírito Santo que tão íntima e ternamente traspassas a substância de minha alma, cauterizando-a com teu glorioso ardor, pois já estás tão amiga que mostras vontade de te dares a mim na vida eterna! Se até aqui minhas petições não chegavam aos teus ouvidos, quando eu andava outrora com ânsias e fadigas de amor, a penar no sentido e no espírito por causa de minha grande fraqueza e impureza, e da pouca fortaleza de amor que tinha então, e rogava-te que me desatasses do corpo e me levasses contigo, porque o amor impaciente não me deixava ter muita conformidade com esta condição de vida mortal em que me querias ainda. E se os ímpetos anteriores de amor não eram suficientes, por não serem de tanta qualidade para alcançar o que desejava, agora já estou bem fortalecida no amor. Não só não desfalecem mais o sentido e o espírito em ti, mas antes se acham fortalecidos por ti, e meu coração e minha carne gozam em Deus vivo (Sl 83,2), com grande conformidade entre ambos; portanto, o que tu queres

que eu peça, peço; o que tu não queres, não quero, nem mesmo o posso, nem sequer me passa pelo pensamento querer. E, pois, diante de teus olhos minhas petições são mais válidas e estimadas, porque saem de ti, movendo-me tu mesmo a fazê-las; agora, que "de teu rosto sai o meu juízo" (Sl 16,2), sendo esta a condição requerida para apreciares e ouvires os meus rogos, suplico-te, cheia de gozo e sabor no Espírito Santo: rompe a tela finíssima desta vida, e não a deixes chegar até ser cortada de modo natural pela idade e tempo, a fim de que te possa eu amar desde logo com a plenitude e fartura que deseja minha alma, sem termo nem fim.

Canção II

Oh! cautério suave!
Oh! regalada chaga!
Oh! mão tão branda! Oh! toque delicado
Que a vida eterna sabe
E paga toda dívida!
Matando, a morte em vida me hás trocado.

Explicação

1. Nesta canção, a alma dá a entender como são as três Pessoas da Santíssima Trindade, Pai e Filho e Espírito Santo, que nela fazem essa divina obra de união. Assim, a mão, o cautério, e o toque são substancialmente uma só e mesma coisa; a alma lhes dá tais nomes em relação ao efeito que cada um produz. O cautério é o Espírito Santo; a mão é o Pai; o toque é o Filho. Desse modo, a alma aqui glorifica o Pai, o

Filho e o Espírito Santo, encarecendo três grandes mercês e benefícios que a ela fazem, pois trocaram-lhe a morte em vida, transformando-a no próprio Deus. A primeira graça é a regalada chaga, que atribui ao Espírito Santo, chamando-a, por esta razão, cautério suave. A segunda é o sabor de vida eterna, que atribui ao Filho, e por isso lhe dá o nome de toque delicado. A terceira é a transformação em Deus, dádiva com que a alma fica bem paga, atribuindo-a ao Pai, e denominando-a, por tal motivo, mão branda. Embora mencione agora as três, por causa dos efeitos particulares que produzem, na realidade fala somente com uma Pessoa, dizendo: a morte em vida me hás trocado; porque as três operam em unidade, e assim a alma atribui tudo a uma só, e, ao mesmo tempo, a todas. Segue-se o verso:

Oh! cautério suave!

2. Este cautério, conforme dissemos, aqui significa o Espírito Santo, pois, como declara Moisés no Deuteronômio, "Nosso Senhor Deus é fogo consumidor" (Dt 4,24), isto é, fogo de amor, o qual, sendo infinitamente forte, pode, de modo inefável, consumir e transformar em si a alma quando a toca. A cada uma, todavia, abrasa e absorve segundo a disposição que nela encontra; a esta, mais, e àquela, menos; e age quanto quer, como quer, e quando quer. Por ser Ele fogo de amor infinito, quando lhe apraz tocar a alma com alguma veemência, abrasa-a em tão subido grau de amor que a alma se sente estar ardendo sobre todos os ardores do mundo. Eis o motivo de dar ao Espírito Santo, nesta união, o nome

de cautério. Com efeito, assim como no cautério está o fogo mais intenso e veemente, produzindo maior efeito do que todos os demais corpos inflamados, assim o ato desta união, sendo de mais inflamado fogo de amor do que todos os outros, é chamado aqui cautério, em comparação a eles. E como este divino fogo transforma então a alma em si mesmo, ela não apenas sente o cautério, mas toda se torna um cautério de fogo veemente.

3. Oh! maravilha digna de relatar-se! Sendo este fogo de Deus tão ardente e consumidor, pois consumiria mil mundos com maior facilidade do que um fogo da terra faria a um fiapo de linho, contudo, não consome nem destrói a alma em que está assim ardendo! Menos ainda é capaz de causar nela peso algum; antes, na medida da força do amor, vai endeusando-a e deleitando-a enquanto a abrasa e nela arde suavemente. Assim é, pela pureza e perfeição do espírito que arde no Espírito Santo, conforme relatam os Atos dos Apóstolos haver sucedido quando desceu este divino fogo com grande veemência, abrasando a todos os discípulos (At 2,3), os quais, comenta São Gregório[2], arderam interiormente em amor com grande suavidade. Isto dá a entender a Santa Igreja quando a este propósito assim se exprime: "Veio fogo do céu, não queimando, mas resplandecendo; não consumindo, mas iluminando"[3]. De fato, nestas comunicações, tendo Deus por fim engrandecer a alma,

---

2. Hom. 30 sobre o Evang.

3. Resp. 2º de Mat. 2ª-feira de Pentecostes, no antigo breviário.

não a cansa nem aflige, mas dilata-a e deleita-a; não a obscurece ou reduz a cinza, como faz o fogo no carvão, mas a ilumina e enriquece; e nisso tem a alma razão de o chamar cautério suave.

4. E, assim, a ditosa alma que tem a grande ventura de chegar a ser tocada por este cautério, tudo saboreia, tudo experimenta, e faz tudo quanto quer, com grande prosperidade, sem que alguém possa prevalecer diante dela, nem coisa alguma venha atingi-la; porque a essa alma se aplicam as palavras do Apóstolo: "O espiritual julga todas as coisas, e por ninguém é julgado" (1Cor 2,15). E também: "O espírito tudo penetra, mesmo os arcanos divinos" (1Cor 2,10). Efetivamente, é próprio do amor esquadrinhar todos os bens do Amado.

5. Grande glória é a vossa, ó almas que mereceis chegar a este sumo fogo! Pois havendo nele infinita força para vos consumir e aniquilar, se assim não o faz, sem dúvida, vos consuma em glória imensa! Não nos cause admiração o fato de serem elevadas por Deus tão altamente algumas almas até este ponto; pois Ele age como o sol que se singulariza em produzir efeitos maravilhosos, e, conforme a palavra do Espírito Santo, de três modos abrasa os montes, isto é, os santos (Eclo 43,4). Sendo, portanto, este cautério tão suave como aqui foi dado a entender, quão regalada poderemos supor esteja a alma por ele tocada? Quando ela o quer manifestar, não o sabe; fica-lhe somente a estima no coração, e o encarecimento na boca, usando do termo "Oh!" quando diz: Oh! cautério suave!

Oh! regalada chaga!

6. Depois de ter a alma falado com o cautério, fala agora com a chaga que ele produziu; e se era suave o cautério, como ficou dito, por certo há de ser a chaga conforme a ele. Assim, será chaga regalada, proveniente do cautério suave; e sendo esse cautério de amor cheio de suavidade, também será a chaga de amor suave, e regalará suavemente a alma.

7. Para explicar qual seja esta chaga a que a alma se dirige agora, é preciso saber que o cautério de fogo material produz sempre uma chaga no lugar onde toca; e se acontecesse tocar em uma ferida que não fosse produzida pelo fogo, logo a transformaria em queimadura. O mesmo acontece com este cautério de amor. Quando toca na alma, esteja ela já ferida de outras chagas de misérias e pecados, ou esteja sã, logo por ele fica chagada de amor. As chagas que provinham de outra causa transformam-se em chagas de amor. Há, porém, uma diferença entre esse amoroso cautério e o do fogo material: a chaga produzida por este último só será curada se lhe aplicarem remédios diferentes; ao contrário, a chaga do cautério de amor não pode ser curada com medicina alguma, a não ser unicamente com o próprio cautério que a produziu. E esse mesmo fogo de amor, curando a chaga, torna a produzi-la; porque de cada vez que o cautério de amor toca na chaga de amor, a aumenta; e assim, quanto mais vai curando, mais vai chagando. Com efeito, quem ama, quanto mais está chagado de amor, tanto mais está são; e a cura feita pelo amor é chaga e ferida

sobre o que ele já feriu e chagou, até chegar a ponto de tornar tão grande a chaga, que toda a alma venha a transformar-se em chaga de amor. Desse modo, toda cauterizada e toda feita uma chaga de amor, está a alma toda sã no mesmo amor, porque está transformada em amor. Assim deve ser entendida essa chaga de que fala aqui a alma, estando toda chagada e toda sã. E embora esteja ela toda feita uma chaga e ao mesmo tempo toda sã, o cautério de amor nem por isso deixa de fazer seu ofício, isto é, de continuar a tocar e ferir de amor; e, encontrando agora a alma toda regalada e em perfeita saúde, o efeito que nela produz é regalar a chaga, como costuma fazer um bom médico. É, portanto, com muita razão que a alma diz aqui: Oh! chaga regalada! Oh! chaga tanto mais regalada quanto mais elevado e sublime é o fogo de amor que a produz! E havendo sido feita pelo Espírito Santo com o fim expresso de regalar a alma, e com imenso desejo e vontade de a regalar, consequentemente será bem grande esta chaga, porque grandemente será regalada!

8. Oh! ditosa chaga, feita por quem não sabe senão curar! Oh! venturosa e felicíssima chaga, que foste feita unicamente para causar deleite, e cujo sofrimento tem a qualidade de ser regalo e delícia da alma chagada! Imensa és, oh! deleitosa chaga, porque imenso é aquele que te fez; grande é teu deleite, pois é o fogo infinito do amor que te regala segundo tua capacidade e grandeza! Oh! chaga regalada, e tanto mais subidamente quanto no mais íntimo centro da substância da alma tocou o

cautério que te fez, abrasando tudo quanto pode abrasar, para regalar tanto quanto era possível regalar! Este cautério e esta chaga podemos compreender como sendo o mais alto grau de amor que pode ser atingido no estado de união transformante. Outros modos há de cauterizar Deus a alma, porém, não chegam a este ponto, nem são semelhantes ao que agora descrevemos; porque aqui se trata de um puro toque da divindade na alma, sem forma nem figura alguma intelectual ou imaginária.

9. Costuma ainda haver outra maneira muito elevada de cauterizar a alma, sob forma intelectual, que descreveremos agora. Acha-se a alma muito inflamada no amor de Deus, embora não seja de modo tão elevado como a antecedente; contudo, é necessário que o seja bastante, para suceder o que quero explicar aqui. Acontece-lhe, então, sentir que um serafim investe sobre ela, com uma flecha ou dardo todo incandescente em fogo de amor, transverberando esta alma que já está inflamada como brasa, ou, por melhor dizer, como chama viva, e a cauteriza de modo sublime. No momento em que é cauterizada assim, e transpassada a alma por aquela seta, a chama interior impetuosamente irrompe e se eleva para o alto com veemência, tal como sucede num forno abrasado ou numa fogueira quando o fogo é revolvido e atiçado, e se inflama em labareda. A alma, então, ao ser ferida por esse dardo incendido, sente a chama com sumo deleite. Além de ser toda revolvida com grande suavidade, naquele incêndio e impetuosa moção que lhe causa o serafim, provocando nela grande fervor e amoroso desfa-

lecimento, ao mesmo tempo sente a ferida penetrante e a força do veneno com que vivamente estava ervada aquela seta, qual uma ponta afiada a enterrar-se na substância do espírito, a traspassar-lhe o mais íntimo da alma.

10. Sobre este íntimo ponto da ferida, que parece atingir a profundidade da medula do espírito, onde o deleite é mais intenso, quem poderá falar convenientemente? Na verdade, a alma experimenta ali como um grão de mostarda de tamanho mínimo, vivíssimo e extremamente incendido, o qual projeta em derredor um vivo e abrasado fogo de amor. Este fogo, proveniente da substância e força daquele ponto ardente onde por sua vez se acha a substância e virtude do veneno, a alma o sente difundir-se por todas as suas veias substanciais e espirituais, segundo a sua capacidade e fortaleza. Com isso, de tal maneira nela cresce e tão forte se torna o abrasamento do fogo, e esse mesmo abrasamento intensifica tanto o amor, que dá a impressão de mares de fogo amoroso cujas águas inundam todas as alturas e profundidades da alma, enchendo tudo de amor. Parece-lhe, então, que todo o universo é um oceano de amor, no qual está ela engolfada, não alcançando avistar termo nem fim onde se acabe esse amor, pois, como dissemos, sente a alma dentro de si mesma o vivo ponto e centro do amor.

11. O gozo da alma chegada a esta altura não se pode descrever senão dizendo que aí experimenta quão real é a comparação evangélica do Reino dos Céus ao grão de mostarda, o qual, sendo tão vivo, embora pequeníssimo,

cresce como o maior dos arbustos (Mt 13,31). Com efeito, a alma se vê transformada num imenso fogo de amor que nasce daquele ponto abrasado no centro do espírito.

12. Poucas almas chegam a tanto. Algumas, contudo, têm chegado, mormente aquelas cuja virtude e espírito se haveria de difundir na sucessão dos filhos espirituais; porque Deus costuma conceder aos que hão de ser cabeças de novas famílias espirituais as primícias do espírito, segundo o maior ou menor número dos discípulos que hão de herdar sua doutrina e espírito.

13. Volvamos, pois, à obra daquele serafim, a qual verdadeiramente consiste em chagar e ferir interiormente no espírito. Se Deus, por vezes, permite que se produza algum efeito exterior, nos sentidos, semelhante ao que se passou no espírito, aparece a chaga e ferida no corpo. Assim aconteceu quando o serafim feriu a São Francisco: chagando-o de amor na alma com as cinco chagas, também se manifestou o efeito delas no corpo, ficando as chagas impressas na carne, tal como foram feitas na alma ao ser chagada de amor. Em geral, não costuma Deus conceder alguma mercê ao corpo, sem que primeiro e principalmente a conceda no interior, à alma. E então, quanto mais intenso é o deleite, e maior a força do amor que produz a chaga dentro da alma, tanto maior é também o efeito produzido na chaga corporal, e crescendo um, cresce o outro. Sucede desse modo, porque, nestas almas já purificadas e estabelecidas em Deus, aquilo que lhes causa dor e tormento à carne, corruptível, é doce e

saboroso para o espírito forte e são. Daí vem o maravilhoso contraste que é sentir crescer a dor no gozo. Tal maravilha foi bem experimentada por Jó em suas chagas quando disse a Deus: "Voltando-te para mim, maravilhosamente me atormentas"[4]. Na verdade, é grande maravilha e digna daquela abundância de suavidade e doçura que Deus reserva para os que o temem (Sl 30,20): fazer com que gozem tanto maior sabor e deleite quanto mais sentem dor e tormento! Quando, porém, a chaga é feita somente na alma, sem comunicar-se ao exterior, pode o deleite chegar a ser ainda mais intenso e mais subido. Com efeito, como a carne traz sob seu freio o espírito, quando participa dos bens espirituais a ele comunicados, puxa as rédeas para o seu lado, e enfreia a boca desse ligeiro cavalo do espírito, apagando-lhe o brio, pois se ele pudesse livremente usar de sua força, decerto arrebentaria as rédeas. Até que assim venha a acontecer, o corpo mantém sempre o espírito oprimido em sua liberdade, conforme a palavra do Sábio: "O corpo que se corrompe torna pesada a alma, e esta morada terrestre abate o espírito que pensa muitas coisas" (Sb 9,15).

14. Digo tudo isso para que se entenda como quem quiser buscar a Deus, arrimando-se na habilidade e raciocínio hu- mano, jamais será muito espiritual. Há muitas pessoas, de fato, que imaginam poder com a pura força e operação do sentido – em si mesmo baixo e não além da

---

4. Jó 10,6. A *Vulgata* diz: "Voltando-te para mim, tu me atormentas de modo terrível" [N.T.].

natureza – alcançar as forças e elevação do espírito sobrenatural, a que não se chega senão quando o sentido corporal com suas operações já está mortificado e apartado. É outra coisa quando o efeito espiritual se deriva do espírito para o sentido: neste caso, pode acontecer que haja grande abundância de efeitos sobrenaturais no sentido, conforme dissemos a respeito das chagas, produzidas no exterior em consequência da força da operação interior. Sirva de exemplo São Paulo, que pelo grande sentimento das dores de Cristo na sua alma redundavam elas no corpo, segundo ele próprio o dá a entender aos gálatas, dizendo: "Trago no meu corpo os estigmas do Senhor Jesus" (Gl 6,17).

15. Basta o que dissemos do cautério e da chaga; sendo tais como foram descritos, qual não será, pois, a mão com que é impresso este cautério, e qual o seu toque? No verso seguinte a alma bem o exprime, e mais o encarece do que o explica, dizendo:

Oh! mão tão branda! Oh! toque delicado!

16. Esta mão, como vimos, simboliza o Pai onipotente e misericordioso. Dela devemos saber que, sendo tão generosa e liberal quanto é poderosa e rica, concederá preciosas e magníficas dádivas quando se abrir para fazer mercês à alma. Eis por que esta lhe dá o nome de mão tão branda. Como se dissesse: "Oh! mão tanto mais branda para mim, por me tocares brandamente; pois se tocasses um pouco mais pesadamente, seria bastante para aniquilares todo o universo! Porque só com o teu

olhar a terra estremece (Sl 103,32), os povos desfalecem e os montes se desfazem. Oh! mão tão branda, direi ainda, se foste dura e vigorosa para Jó, tocando-o de modo um tanto rude, agora és para mim tanto mais amigável e graciosa, tocando-me com brandura, afeto e graça, quanto mais pesada foste para ele. Na verdade, tu fazes morrer e fazes viver, e não há quem possa fugir de ti! Tu, porém, oh! divina vida!, nunca matas a não ser para dar vida, assim como nunca chagas a não ser para sarar. Quando castigas, basta que toques de leve, para logo ser consumido o mundo; mas quando regalas, muito determinadamente te pousas sobre a alma, e não se podem contar as delícias de tua suavidade. Chagaste-me para curar-me, oh! divina mão!, e mataste em mim aquilo que me mantinha morta sem a vida de Deus na qual me vejo agora viver. Isto fizeste com a liberalidade de tua generosa graça de que usaste para comigo, quando me tocaste com esse toque do resplendor de tua glória e figura de tua substância (Hb 1,3), que é teu unigênito Filho; nele, que é tua Sabedoria, tocas fortemente atingindo de um fim até outro fim (Sb 3,1). E este teu unigênito Filho, oh! mão misericordiosa do Pai, é o toque delicado com que me tocaste e me chagaste na força de teu cautério.

17. Oh! pois, toque delicado, tu, ó Verbo, Filho de Deus, que, pela delicadeza de teu ser divino, penetras sutilmente a substância de minha alma, e tocando-a toda, delicadamente, em ti a absorves toda com tão divinos gêneros de deleites e suavidades, "como jamais se ouviu na terra de Canaã, nem se viu em Teman"! (Br 3,22).

Oh! pois, muito e muitíssimo delicado toque do Verbo, tanto mais delicado para mim quanto te fizeste sentir suave e fortemente ao profeta no sopro da branda viração depois de derrubados os montes e despedaçadas as pedras no Monte Horeb, com a sombra de teu poder e força que caminhava à tua frente! (1Rs 19,11-12). Oh! aragem branda, que sopras tão tênue e delicada, dize: como tocas sutil e delicadamente, ó Verbo, Filho de Deus, se és tão terrível e poderoso? Oh! ditosa e mil vezes ditosa a alma em que tocas sutil e delicadamente, tu que és tão terrível e possante! Dize isso ao mundo! Ou antes, não o queiras dizer ao mundo, porque ele não entende de aragem branda, e não te sentirá, pois não te pode receber nem te pode ver (Jo 14,17). Só poderão ver-te e sentir teu toque delicado, Deus meu e vida minha, aqueles que, alheando-se do mundo, se sutilizarem espiritualmente convindo sutil com sutil, e assim se tornem aptos para te sentir e gozar. A esses, tanto mais delicadamente tocas quanto, estando já sutil, polida e purificada a substância da alma, estranha a toda criatura e a todo vestígio e toque de coisa criada, estás tu escondido no seu íntimo, morando e permanecendo nela. E nisto os escondes no esconderijo de tua Face – que é o Verbo –, a salvo da conturbação dos homens (Sl 30,21).

18. Oh! pois, outra vez e muitas vezes delicado toque, tanto mais forte e poderoso quanto mais delicado! Porque com a força de tua delicadeza desfazes e apartas a alma de todos os demais toques de coisas criadas, e te apossas dela somente para ti, unindo-a contigo. Tão

delicado efeito e impressão nela deixas, que qualquer outro toque de todas as coisas altas ou baixas lhe parece grosseiro e indigno, tendo por ofensa até mesmo o olhar para elas e sentindo grande pena e tormento em as tratar e tocar!

19. Convém saber que um objeto tem tanto mais extensão e capacidade quanto mais imaterial; e tanto mais será difuso e comunicativo quanto maior for sua sutileza e delicadeza. O Verbo que é o toque dado na alma é imensamente sutil e delicado; esta, por sua vez, é o recipiente já amplo e disposto pela delicadeza e purificação extrema em que se acha neste estado. Oh! pois, toque delicado! Tanto mais copiosa e abundantemente te infundes em minha alma quanto mais tens tu de sutileza, e mais tem ela de pureza!

20. Devemos também saber que o toque, quanto mais sutil e delicado é, tanto maior deleite e regalo comunica àquilo que toca; e quanto menos o for, menos extensão e volume terá. Este toque divino nenhuma extensão e volume tem, porque o Verbo que o produz é alheio a todo modo e gênero de extensão, forma, figura e acidentes, que são os limites e medidas que põem termo à substância. Assim, este toque referido aqui sendo um toque substancial, a saber, da divina substância, é inefável. Oh! pois, toque inefavelmente delicado do Verbo, dado na alma nada menos do que com teu simplicíssimo e puríssimo Ser, o qual, sendo infinito, é infinitamente delicado, e consequentemente toca de modo tão sutil, amoroso, eminente e delicado,

Que a vida eterna sabe

21. Efetivamente é certo sabor de vida eterna, embora não ainda em grau perfeito, que a alma goza neste toque de Deus, como já dissemos. E não é incrível que seja assim, quando se crê, como na verdade se deve crer, que se trata aqui de um toque substancial, isto é, da substância de Deus à substância da alma, a que nesta vida têm chegado muitos santos. Daí a delicadeza inexprimível do deleite sentido neste toque; nem queria eu falar nisso, para não se pensar que é apenas como eu digo, e não mais. Na verdade, não há termos capazes de declarar coisas tão subidas de Deus, como as que se passam nestas almas; por isso, a linguagem própria é somente entender dentro de si, e sentir no íntimo, calando e gozando quem o recebe. Claramente vê a alma aqui como, de certo modo, são essas graças como aquela pedra branca que, diz São João, é dada ao vencedor, e na pedra está escrito um nome novo, o qual ninguém conhece senão aquele que o recebe (Ap 2,17). E assim, verdadeiramente, só se pode dizer que "a vida eterna sabe". Embora nesta vida não se goze perfeitamente deste toque como na glória, contudo, por ser toque de Deus, a vida eterna sabe. Goza então a alma nele de todas as coisas de Deus que lhe comunica, e sua fortaleza, sabedoria e amor, formosura, graça, bondade etc. Como Deus encerra em si todas essas perfeições, a alma as saboreia todas num único toque de Deus, gozando delas em suas potências e substâncias.

22. Deste bem da alma redunda por vezes no corpo a unção do Espírito Santo, que produz gozo em toda a substância sensitiva, nos membros, ossos e medula; não de modo remisso, como acontece geralmente, e sim, com sentimento de grande deleite e glória, experimentado até nas últimas articulações dos pés e mãos. Tem tanta parte, então, o corpo na glória da alma, que, a seu modo, glorifica a Deus, sentindo-o nos seus próprios ossos, conforme a palavra de Davi: "Todos os meus ossos dizem: quem haverá semelhante a ti?" (Sl 34,10). E como tudo quanto se disser a tal respeito é sempre menos do que a realidade, baste, portanto, dizer, para o corporal e para o espiritual, que sabe a vida eterna

E paga toda dívida

23. Assim o diz a alma, porque, neste sabor de vida eterna que experimenta agora, sente a retribuição dos trabalhos que passou para chegar a este estado, no qual não somente se sente paga e satisfeita com toda a justiça, mas com grande excesso recompensada. Por experiência entende bem a verdade da promessa do Esposo no evangelho, de dar o cêntuplo por um (Mt 19,23). De fato, não houve tribulação ou tentação, penitência ou outro qualquer trabalho sofrido neste caminho, a que não tenha correspondido o cêntuplo de consolo e deleite ainda nesta vida, de modo a poder muito bem dizer a alma: E paga toda dívida.

24. Para saber como e quais sejam estas dívidas de que a alma se sente paga, devemos notar que ninguém,

por via ordinária, pode chegar a este alto estado e reino do desposório espiritual sem passar primeiro por muitas tribulações e trabalhos; porque, segundo dizem os Atos dos Apóstolos, "é preciso entrar no Reino de Deus por meio de muitas tribulações" (At 14,21). Estas já passaram, no estado em que se acha agora a alma, no qual, estando purificada, daqui por diante não padece mais.

25. Os trabalhos pelos quais são provados os que hão de chegar a este estado são de três espécies; trabalhos e desconsolos, temores e tentações que lhes vêm do século, por vários modos; tentações, securas e aflições, que procedem do sentido; tribulações, trevas, angústias, desamparos, tentações, e outros sofrimentos provenientes do espírito. Todos eles servem de meio para a purificação da alma segundo as duas partes, a espiritual e a sensitiva, conforme dissemos ao explicar o quarto verso da primeira canção. E necessário são tais trabalhos porque assim como um licor muito fino exige um recipiente forte, preparado e purificado, assim também esta altíssima união só pode ser dada a uma alma já fortalecida com trabalhos e tentações, e purificada por meio de tribulações, trevas e angústias; destes trabalhos, uns purificam e fortalecem o sentido, e outros afinam, purificam e dispõem o espírito. Para se unirem a Deus na glória, passam na outra vida pelas penas do fogo os espíritos que estão ainda impuros; de modo semelhante, para alcançarem aqui na terra a união perfeita hão de passar pelo fogo destas penas que descrevemos, o qual obra mais fortemente em alguns, e menos em outros; naqueles, por largo tempo, nestes

mais brevemente, segundo o grau de união a que Deus os quer elevar e conforme o que há neles a ser purificado.

26. Por meio destes trabalhos com que Deus prova o espírito e o sentido, vai a alma cobrando virtudes, força e perfeição, com amargura; pois a virtude se aperfeiçoa na fraqueza (2Cor 12,9), e no exercício de sofrimentos vai sendo lavrada. Com efeito, na inteligência do artífice não pode o ferro servir e tomar alguma forma, a não ser por meio do fogo e do martelo, conforme diz o Profeta Jeremias a respeito daquele fogo por cujo meio Deus lhe deu inteligência: "Enviou do alto fogo nos meus ossos e ensinou-me" (Lm 1,13). E do martelo também fala o mesmo Jeremias: "Castigaste-me, Senhor, e fui ensinado" (Jr 31,18). Por isso declara o Eclesiástico: "Que sabe aquele que não foi tentado? E o que não tem experiência poucas coisas conhece" (Eclo 34,9.10).

27. Aqui nos convém notar a causa pela qual há tão poucos que cheguem a tão alto estado de perfeição na sua união com Deus. Não é porque Ele queira seja diminuto o número destes espíritos elevados, antes quereria fossem todos perfeitos; mas acha poucos vasos capazes de tão alta e sublime obra. Provando-os em coisas pequenas, mostram-se tão fracos que logo fogem do trabalho, e não querem sujeitar-se ao menor desconsolo e mortificação; em consequência, não os achando fortes e fiéis naquele pouquinho com que lhes fazia mercê de começar a desbastá-los e lavrá-los, vê claramente como o serão ainda menos em coisa maior. Não vai, pois, adiante em os purificar e levantar do pó da terra pelo trabalho

da mortificação para a qual seria mister maior constância e fortaleza do que mostram. E assim há muitos que desejam passar adiante e mui continuamente pedem a Deus os traga e conduza a esse estado de perfeição; mas quando Deus quer começar a levá-los pelos primeiros trabalhos e mortificações, conforme para isso é necessário, não aceitam sofrê-los, e furtam o corpo, fugindo do caminho estreito da vida, para buscarem a via larga de seu próprio consolo, que os leva à perdição. Procedendo deste modo, não dão ensejo a Deus para conceder-lhes o que pedem, mal o começa a dar. Quedam-se como vasos inúteis; pois, querendo alcançar o estado dos perfeitos, não somente não quiseram ser levados pelo caminho dos trabalhos que conduz a essa perfeição, mas nem sequer consentiram em começar a entrar pelo sofrimento de trabalhos menores, a saber, as pequenas provações que ordinariamente todos padecem. A estes tais se pode responder com as palavras de Jeremias: "Se te fatigaste em seguir, correndo, os que iam a pé, como poderás competir com os que vão a cavalo? E se não estiveste em sossego numa terra de paz, que farás no meio da soberba do Jordão?" (Jr 12,5). É o mesmo que dizer: Se com os trabalhos que na via comum sucedem, ordinária e humanamente, a todos os que andam nesta terra, custavas tanto a aguentar, por causa de teu passo diminuto, que imaginavas correr, como poderás igualar o passo do cavalo, isto é, sofrer trabalhos acima dos ordinários e comuns, para os quais se requer mais força e ligeireza do que a do homem? Se não quiseste abandonar a paz e o gosto de tua terra, que é a tua sensualidade, e te recusaste a fazer-lhe guerra ou contra-dizê-la em alguma coisa, não entendo como quererás entrar pelas águas impetuosas das tribulações e trabalhos do espírito, que são mais profundas.

28. Ó almas desejosas de andar seguras e consoladas nas coisas do espírito! Se soubésseis quanto vos convém padecer sofrendo, para alcançar esta segurança e consolo! E como, sem isto, é impossível chegar ao que a alma deseja, antes, ao contrário, é voltar atrás, jamais buscaríeis consolo de modo algum, nem em Deus, nem nas criaturas. Carregaríeis, de preferência, a cruz, e, nela pregadas, desejaríeis beber fel e vinagre puro e o teríeis por grande ventura, vendo como pela vossa morte ao mundo e a vós mesmas viveríeis para Deus, em deleites espirituais. E assim, sofrendo com paciência e fidelidade este pouquinho de trabalho exterior, mereceríeis que pusesse Deus seus olhos em vós, para vos purificar e limpar mais intimamente, por meio de alguns trabalhos espirituais mais interiores, com o fim de conceder-vos graças mais profundas. Na verdade, hão de ter feito muitos serviços a Deus, com grande paciência e constância em seu amor, tornando-se muito agradáveis diante dele pela vida e pelas obras, aqueles aos quais o Senhor faz tão assinalada mercê, como seja a de tentá-los mais interiormente para avantajá-los em dons e merecimentos. Foi o que Ele fez ao santo To-bias a quem disse São Rafael: "Porque tu eras aceito a Deus, por isso foi necessário que a tentação te provasse" (Tb 12,13), a fim de seres mais engrandecido. De fato,

o tempo que lhe restou de vida, após aquela tentação, foi cheio de gozo, como atesta a Sagrada Escritura (Tb 14,4). O mesmo sucedeu ao santo Jó: quando Deus aceitou suas obras diante dos espíritos bons e maus, logo lhe fez a mercê de enviar aqueles grandes trabalhos, com o fim de glorificá-lo muito mais depois, como realmente fez, multiplicando-lhe os bens espirituais e temporais.

29. Do mesmo modo procede Deus com os que quer avantajar segundo a vantagem principal: a estes faz e deixa tentar, com o fim de elevá-los à maior de todas as alturas, que consiste na união com a Sabedoria divina, a qual, como diz Davi, é prata examinada com fogo, provada na terra (Sl 11,7), isto é, em nossa carne, purificada sete vezes, ou, por assim dizer, o mais possível. Não há razão para nos determos aqui a explicar quais sejam estas sete purificações, e qual deve ser cada uma, para a alma chegar a esta sabedoria, nem como a elas correspondem sete graus de amor, nesta mesma Sabedoria. Aqui na terra, por maior que seja a união, é ela sempre para a alma corno a prata de que fala Davi, mas na outra vida será como ouro.

30. Convém muito, pois, à alma ter grande paciência e constância em todas as tribulações e trabalhos, interiores e exteriores, espirituais e corporais, maiores ou menores, em que Deus a queira pôr, recebendo tudo como das mãos dele para seu bem e remédio. E não fuja dos sofrimentos, porque neles está a sua saúde; antes tome a este respeito o conselho do Sábio que diz: "Se o espírito daquele que tem o poder baixar sobre ti, não

abandones o teu posto" (isto é, o lugar e posto de tua provação, situado naquele trabalho que Deus te envia), "porque este remédio te curará dos maiores pecados" (Ecl 10,4). Por assim dizer: cortará em ti as raízes de teus pecados e imperfeições, que são os maus hábitos; porque o combate dos trabalhos, angústias e tentações, extingue esses hábitos maus e imperfeitos da alma, purificando-a e fortalecendo-a. Deve ela, pois, ter em grande estima os trabalhos interiores e exteriores que Deus lhe envia, compreendendo como são muito poucos os que merecem ser consumados por sofrimentos, e os padecem a fim de chegar a tão alto estado.

31. Voltemos agora à nossa explicação. Conhece aqui a alma como tudo foi para seu bem, e que "como foram as suas trevas é agora a sua luz"; e assim como foi participante das tribulações, agora o é das consolações e do Reino de Deus. Vê que aos trabalhos interiores e exteriores corresponderam os bens divinos, tanto para o espírito como para o corpo, e como não houve sofrimento sem ser premiado com grande galardão. E assim o confessa já bem satisfeita, dizendo: "E para toda dívida". Agradece a Deus neste verso, do mesmo modo que o fez Davi no seu, quando cantou no salmo em ação de graças por ter sido libertado dos trabalhos: "Quantas tribulações numerosas e amargas me fizeste provar! Mas, voltando-te para mim, deste-me novamente a vida, e dos abismos da terra outra vez me tiraste. Multiplicaste a tua magnificência, e voltando-te para mim, me consolaste" (Sl 70,20-21). Antes que chegasse a este es-

tado, achava-se a alma como Mardoqueu quando estava sentado do lado de fora das portas do palácio, chorando nas praças de Susa, à vista do perigo que corria sua vida, e, coberto de cilício, recusava aceitar as vestes que lhe enviava a Rainha Ester (Est 4,1; 6,3.11). Não havia recebido galardão algum pelos serviços prestados ao rei, nem pela fidelidade que havia tido em defender-lhe a honra e a vida. Eis que num dia – como foi feito ao mesmo Mardoqueu – pagam-lhe todos os trabalhos e serviços, e não só a fazem apresentar-se diante do rei, adornada com as vestes reais, mas também lhe dão coroa e cetro, além do trono, com a posse do anel real, para que faça tudo o que quiser, e o que não quiser, não faça, no reino de seu Esposo; porque os que chegam a este estado alcançam tudo quanto querem. Com isso, fica a alma bem paga, e, mais ainda, são aniquilados os judeus, seus inimigos, isto é, os apetites imperfeitos que procuravam tirar-lhe a vida espiritual em que agora ela vive plenamente, segundo as suas potências e apetites. E, assim, logo acrescenta:

Matando, a morte em vida me hás trocado

32. Na verdade, a morte não é mais do que a privação da vida; em chegando esta, já não há mais vestígio daquela. Sob o ponto de vista espiritual, há duas maneiras de vida. Uma é a vida beatífica, a qual consiste em ver a Deus, e esta se há de alcançar pela morte corporal e natural, conforme diz São Paulo: "Sabemos que se esta nossa casa de barro for destruída, temos nos céus morada de Deus" (2Cor 5,1). A outra é a vida espiritual

perfeita, ou seja, a posse de Deus por união de amor; e esta se alcança pela mortificação total dos vícios e inclinações, e da própria natureza. Enquanto isto não se efetua, impossível é chegar à perfeição dessa vida espiritual de união com Deus, segundo afirma também o Apóstolo dizendo assim: "Se viverdes segundo a carne, morrereis. Mas se pelo espírito mortificardes as obras da carne, vivereis" (Rm 8,13).

33. Devemos, pois, saber que a alma designa aqui pelo nome de morte a todo o homem velho, isto é, ao exercício das potências, memória, entendimento e vontade, ocupado e empregado nas coisas do século, bem como os apetites e gostos de criaturas. Tudo isso é exercício de vida velha, a qual é morte da vida nova, que é a espiritual. Nesta última não poderá viver a alma perfeitamente se não morrer também perfeitamente o homem velho, conforme admoesta o Apóstolo, dizendo: "Despojem-se do homem velho e se revistam do novo, criado segundo Deus onipotente, em justiça e santidade" (Ef 4,22). Nessa vida nova, ou seja, quando é alcançada a perfeição da união com Deus, como vamos dizendo aqui, todos os apetites e potências da alma em suas inclinações e operações – que por si mesmas eram obras de morte e privação da vida espiritual – trocam-se agora em divinas.

34. Cada ser vivo, dizem os filósofos, vive por sua operação; logo a alma, tendo em Deus suas operações em virtude da sua união com Ele, vive a própria vida de Deus, e assim a sua morte foi trocada em vida, isto é, a

sua vida animal se trocou em vida espiritual. O entendimento, antes dessa união, compreendida naturalmente, com a força e vigor de sua luz natural, por meio dos sentidos corporais; agora, porém, é movido e penetrado por outro princípio mais alto que é a luz sobrenatural de Deus, deixando de parte os sentidos. Trocou-se, pois, em divino, porque, pela união do mesmo entendimento ao de Deus, tudo é uno. A vontade anteriormente amava de modo baixo e morto, só com seu afeto natural; agora foi trocada em vida de amor divino, porque ama elevadamente com afeto divino, movida pela força e virtude do Espírito Santo, no qual vive sua vida de amor; de fato, por meio desta união da vontade humana à divina, há só uma vontade na alma. A memória, que de sua parte só percebia as figuras e imagens das criaturas, é trocada nesta divina união de modo a ter na mente os anos eternos, como fala Davi (Sl 76,6). O apetite natural que antes se inclinava, com toda a sua habilidade e força, somente ao gozo da criatura que produz morte, agora está trocado em divino gosto e sabor, movido e satisfeito então por outro princípio que o torna mais vivo, e que é o deleite de Deus com quem está unido; e em consequência, já é apetite só de Deus. Finalmente, todos os movimentos, operações e inclinações que a alma tinha anteriormente, e que provinham do princípio e força de sua vida natural, já nesta união são transformados em movimentos divinos; ficam mortos à sua própria operação e inclinação, e tornam-se vivos em Deus. Com efeito, a alma já é movida em tudo pelo espírito de Deus, como verdadeira filha de Deus, conforme ensina São Paulo: "Todos os que são movidos pelo Espírito de Deus, estes são os filhos de Deus" (Rm 8,14). Desse modo, repetimos ainda aqui, o entendimento da alma é entendimento de Deus; sua vontade é vontade de Deus; sua memória é memória de Deus; e seu deleite é deleite de Deus. A substância da alma, embora não se possa tornar substância de Deus, porque impossível lhe é transformar-se substancialmente em Deus, contudo, nessa união em que está vinculada e absorvida em Deus, torna-se Deus por participação de Deus. Tal é o que acontece no estado perfeito da vida espiritual, todavia, não tão acabadamente como na eternidade. Está, portanto, morta a alma a tudo quanto era em si mesma, isto é, ao que era morte para ela; e se acha viva para o que é Deus em si mesma. Eis a razão por que, ao falar de seu estado, diz com muito acerto o verso: Matando, a morte em vida me hás trocado. Daí lhe vem poder apropriar-se bem das palavras de São Paulo: "Vivo, já não eu, mas é Cristo que vive em mim" (Gl 2,20). Trocou-se, afinal, a morte desta alma em vida de Deus. Quadra-lhe também a expressão do Apóstolo: "A morte foi absorvida pela vitória" (1Cor 15,54). E ainda o que diz o Profeta Oseias falando pela pessoa de Deus: "Ó morte!, eu hei de ser a tua morte" (Os 13,14). Como se dissera: Eu que sou a vida, sendo a morte da morte, ficará a morte absorta na vida.

35. Dessa maneira acha-se a alma absorta em divina vida, alheia a tudo quanto seja temporal deste mundo, bem como a todo apetite natural. É introduzida

nos aposentos do Rei, onde se goza e alegra no Amado, "lembrada de que os seus peitos são melhores do que o vinho", e assim diz: "Eu sou trigueira, mas formosa, filhas de Jerusalém" (Ct 1,3-4) porque minha negrura natural trocou-se na formosura do Rei celestial.

36. Em tão perfeito estado de vida sempre anda a alma como em festa, no interior e no exterior; com grande frequência saboreia no seu espírito um grande júbilo de Deus, qual um cântico novo, sempre novo, envolto em alegria e amor, e em conhecimento de seu feliz estado. Por vezes fica cheia de gozo e fruição, repetindo em seu espírito aquelas palavras de Jó: "A minha glória sempre se renovará; e multiplicarei meus dias como a palmeira" (Jó 29,20.18). Como a dizer: Deus, que permanece em si mesmo imutável, e todas as coisas renova, como diz o Sábio (Sb 7,27), estando unido agora à minha glória, sempre a renovará, isto é, não a deixará volver atrás como era antes; e multiplicarei meus dias como a palmeira, isto é, meus merecimentos crescerão até o céu, assim como para o céu ergue a palmeira seus ramos. De fato, os merecimentos da alma, neste estado, são geralmente grandes em número e qualidade. Também se ocupa de ordinário em cantar a Deus em seu espírito tudo o que diz Davi no salmo cujo início é assim: "Eu te glorificarei, Senhor, porque me recebeste" (Sl 29,1.12.13). E particularmente os dois últimos versículos que dizem: "Tu converteste o meu pranto em gozo; tu rasgaste o meu saco e me cercaste de alegria. Para que eu te cante na

minha glória, e não tenha mais penas; Senhor Deus meu, eu te louvarei eternamente" (Sl 29,1.12.13). Não é de maravilhar que a alma ande com tanta frequência nestes gozos, júbilos, e louvores, na fruição de Deus; porque, além do conhecimento que tem das graças recebidas, sente o seu Amado tão solícito em mimoseá-la com tão preciosas, delicadas, e encarecidas palavras, engrandecendo-a com estas e outras mercês, que lhe parece não ter ele outra pessoa no mundo a quem regalar, nem outra coisa em que se ocupar, mas que ele todo é só para ela. E, experimentando-o assim, confessa como a Esposa dos Cantares: "O meu Amado é para mim, e eu para ele" (Ct 2,16).

Canção III

Oh! lâmpadas de fogo,
Em cujos resplendores
As profundas cavernas do sentido
– Que estava escuro e cego –
Com estranhos primores
Calor e luz dão junto a seu querido!

Explicação

1. Seja Deus servido de dar aqui seu favor, pois, decerto, é muito necessário para explicar a profundidade desta canção. E quem ler este comentário, é mister fazê-lo com advertência, porque, se não tiver experiência, talvez lhe pareça algo obscuro e prolixo; mas se a tiver, porventura, o achará claro e saboroso. Encarece a alma, nesta canção, e agradece a seu Esposo, as grandes mercês recebidas da união que tem com ele; diz como, por meio

desta união, concede-lhe o Amado numerosos e magníficos conhecimentos de si mesmo, cheios de amor, com os quais são iluminadas e enamoradas as potências e os sentidos da alma, que antes estavam obscuros e cegos. Agora, portanto, esclarecidos e abraçados no amor como se acham, podem dar luz e amor aquele que os esclareceu e enamorou. De fato, quem verdadeiramente ama, só está satisfeito quando emprega no Amado todo o seu ser, e tudo quanto vale, tem e recebe; e quanto mais possui, tanto maior é o seu gosto em dar. Disso se alegra aqui a alma: de poder, com os resplendores e o amor recebidos, resplandecer por sua vez diante do Amado e dar-lhe amor. Segue-se o verso:

Oh! lâmpadas de fogo!

2. Quanto ao primeiro termo, precisamos saber que as lâmpadas têm duas propriedades: brilhar e aquecer. Para entendermos quais sejam estas lâmpadas mencionadas pela alma, e como brilham e ardem dentro dela, produzindo calor, convém advertir o seguinte. Deus, em seu ser único e simples, encerra todas as virtudes e grandezas de seus atributos. É onipotente, sábio, bom, misericordioso; é justo, forte, amoroso, e o mesmo podemos dizer de outros infinitos atributos e virtudes que nos são desconhecidos. Ora, sendo Deus todas estas coisas na simplicidade de seu ser divino, quando há por bem abrir o entendimento da alma que lhe está unida, vê ela então distintamente nele todas essas virtudes e grandezas, isto é, onipotência, sabedoria, bondade, misericórdia, e

tudo o mais. Cada um desses atributos é o mesmo ser de Deus numa pessoa, seja no Pai, ou no Filho, ou no Espírito Santo, sendo cada atributo o próprio Deus. E por ser Deus luz infinita, e fogo divino infinito, como já dissemos, consequentemente cada um desses inumeráveis atributos resplandece e produz calor como o mesmo Deus; assim cada um deles é uma lâmpada que brilha na alma, dando-lhe calor de amor.

3. Num só ato desta união, a alma recebe conhecimentos sobre todos os atributos divinos; desse modo, podemos afirmar que Deus é para ela como muitas lâmpadas juntas que distintamente brilham em luz de sabedoria e produzem calor de amor. De cada uma dessas lâmpadas recebe um conhecimento particular, e ao mesmo tempo é inflamada em amor. A alma, pois, ama a Deus em cada uma dessas lâmpadas de modo especial e em todas elas conjuntamente, no fogo de amor com que elas a inflamam, sendo todos esses atributos, conforme tornamos a dizer, o mesmo e único ser de Deus. Logo, todas as lâmpadas são uma só lâmpada, a qual, segundo as virtudes e atributos divinos, brilha e arde como muitas lâmpadas. Por essa razão, a alma, num só ato provocado pelo conhecimento dessas lâmpadas, ama a Deus por meio de cada uma delas, e simultaneamente por todas juntas, levando nesse ato qualidade de amor por cada uma e de cada uma, de todas juntas e por elas todas; porque o resplendor que se irradia desta lâmpada do ser divino em seu atributo de onipotência traz à alma luz e calor de amor de Deus enquanto é onipotente; nes-

te caso, Deus é para ela como lâmpada de onipotência, que a ilumina e lhe dá o conhecimento desse atributo. Se o resplendor que irradia esta lâmpada do ser de Deus é o da sua sabedoria, produz na alma notícia e inflamação de amor de Deus enquanto é sábio; neste caso, Deus para ela é lâmpada de sabedoria. Quando resplandece esta lâmpada de Deus irradiando sua bondade, recebe a alma luz e calor de amor de Deus enquanto é Ele bom, e assim, para ela, é lâmpada de bondade. De maneira semelhante, ser-lhe-á Deus lâmpada de justiça, de fortaleza, de misericórdia, e de todos os demais atributos que ali se representam à alma, todos juntos, em Deus. A luz que recebe deles comunica-lhe o calor do amor de Deus com que ela o ama, porque todas estas perfeições divinas são o mesmo Deus; portanto, nesta comunicação de si mesmo em que Deus se mostra à alma, e que, para mim, é a maior de quantas lhe possa fazer nesta vida, manifesta-se Ele como inumeráveis lâmpadas que lhe trazem conhecimento e amor de Deus.

4. Estas lâmpadas, viu Moisés no Monte Sinai, quando, à passagem de Deus, prostrou-se em terra e começou a clamar mencionando algumas, com estas expressões: "Dominador, Senhor, Deus misericordioso e clemente, paciente e de muita misericórdia, e verdadeiro, que conservas a misericórdia em milhares de gerações, que tiras a iniquidade e as maldades e os pecados, e ninguém diante de ti é inocente por si mesmo" (Ex 34,6-7). Donde se vê que Moisés conheceu ali, sobretudo, os atributos de onipotência, domínio, divindade, misericórdia, justiça,

verdade e retidão de Deus, em altíssimo conhecimento do Senhor; e como na mesma medida do conhecimento recebeu também o amor, consequentemente o deleite e fruição de que ali gozou foi elevadíssimo.

5. Daqui se pode observar que o deleite recebido pela alma em arroubamento de amor, e comunicado pelo fogo que se irradia dessas lâmpadas, é admirável e imenso; porque é tão abundante como de muitas lâmpadas juntas, em que cada uma abrasa a alma em amor; e se vão unindo o calor de uma ao da outra, bem como a chama de uma à da outra, e a luz de uma à da outra, pois qualquer um dos atributos divinos revela os outros. Assim, todas as lâmpadas juntas tornam-se uma só luz e um só fogo, e cada uma delas é, por sua vez, luz e fogo, sendo então a alma imensamente absorvida em delicadas chamas, e sutilmente chagada de amor em cada uma delas, e ainda mais chagada em todas juntas, toda viva em amor de vida de Deus; vê muito claramente que aquele amor é de vida eterna, na qual está o conjunto de todos os bens. E pela experiência que, de certo modo, aqui lhe é dada, conhece bem a alma a verdade daquela expressão do Esposo nos Cantares quando disse que as lâmpadas do amor eram lâmpadas de fogo e chamas (Ct 8,6). "Oh! quão formosa és em teus passos e calçados, filha do príncipe!" (Ct 7,1). Quem poderá decrever a magnificência e estranheza de teu deleite e majestade no admirável resplendor e amor de tuas lâmpadas?

6. A Sagrada Escritura refere como uma destas lâmpadas passou outrora diante de Abraão, causando nele

grandíssimo horror tenebroso, porque era a lâmpada da justiça rigorosa que Deus iria exercer contra os cananeus (Gn 15,12-17). Se, pois, todas estas lâmpadas de conhecimento de Deus brilham diante de ti com tanto amor e benevolência, ó alma enriquecida, quanto maior luz e deleite de amor te hão de trazer, do que trouxe de horror e treva aquela que brilhou diante de Abraão? Qual não será, portanto, a grandeza, a riqueza, e a multiplicidade de teu gozo, se de todas e em todas essas lâmpadas recebes fruição e amor, e por elas comunica-se Deus às tuas potências, segundo seus divinos atributos e perfeições? De fato, quando uma pessoa ama e faz bem a outra, age segundo a sua própria condição e natureza; desse modo, teu Esposo, estando em ti como quem é, assim te faz suas mercês. Sendo onipotente, ama-te e faz bem a ti com onipotência; sendo sábio, sentes que te faz bem e ama com sabedoria; por ser infinitamente bom, sentes que te ama com bondade; sendo santo, sentes que te ama e te agracia com santidade; sendo justo, sentes que te ama e faz mercês com justiça. Por ser misericordioso, piedoso e clemente, sentes sua misericórdia, piedade e clemência; sendo ele forte, sublime, e delicado em seu divino ser, sentes que te ama com força, elevação e delicadeza. Como é simples e puro, sentes que com pureza e simplicidade te ama; como é verdadeiro, sentes que te ama com verdade. Sendo liberal, conheces que te ama e beneficia com liberalidade, sem interesse algum, só para fazer-te bem; como é a virtude da suma humildade, com suma humildade e com suma estimação te ama, chegando a igualar-te com ele, e a revelar-se a ti nestas vias do conhecimento de seu divino ser; e o faz alegremente, com a sua face cheia de graças, dizendo-te nesta união de seu amor, não sem grande júbilo teu: eu sou teu e para ti, e gosto de ser tal qual sou para ser teu e dar-me a ti.

7. Quem dirá, pois, o que experimentas, ó ditosa alma, quando te vês assim amada e com tal estima engrandecida? Teu ventre, isto é, tua vontade, é como o da esposa, semelhante ao monte de trigo, todo coberto e cercado de lírios (Ct 7,2); e enquanto saboreias estes grãos de pão de vida, os lírios das virtudes que te cercam, te estão deleitando. Estas virtudes são as filhas do rei, as quais, no dizer de Davi (Sl 44,10), te encheram de gozo com a mirra e o âmbar e as demais espécies aromáticas; porque os conhecimentos comunicados a ti pelo Amado sobre suas graças e virtudes são suas filhas, e nelas estás de tal modo engolfada e submergida que podes também ser comparada àquele poço de águas vivas a correrem impetuosamente do Monte Líbano, que é Deus (Ct 4,15). Nele te é dada, então, uma alegria maravilhosa, que penetra toda a harmonia de tua alma, e até mesmo de teu corpo; e és toda transformada em um paraíso regado por águas divinas, realizando-se em ti esta palavra do Salmo: "O ímpeto do rio alegra a cidade de Deus" (Sl 45,5).

8. Oh! realidade admirável! Neste tempo está a alma transbordando águas divinas, toda feita uma fonte caudalosa que de todos os lados derrama essas divinas águas! Pois embora seja verdade que esta comunicação de que vamos tratando é luz e fogo das lâmpadas de Deus, con-

tudo, esse fogo aqui é tão suave – como já dissemos – que com ser fogo imenso, torna-se como águas vivas que fartam a sede do espírito, segundo a violência do seu desejo. Desse modo estas lâmpadas de fogo são águas vivas do Espírito, como as que vieram sobre os apóstolos (At 2,3), as quais, sendo lâmpadas de fogo, ao mesmo tempo eram águas puras e limpas; assim as chamou Ezequiel em sua profecia sobre a vinda do Espírito Santo com estas palavras: "Derramarei sobre vós – diz o Senhor – uma água pura, e porei meu espírito no meio de vós" (Ez 36,25). Embora, pois, seja fogo, é também água. É figurado pelo fogo do sacrifício que Jeremias escondeu na cisterna, o qual se transformou em água enquanto esteve escondido, e depois, quando era tirado dali para com ele se oferecer o sacrifício, volvia a ser fogo (2Mc 1,20-22). De maneira semelhante, este espírito de Deus, quando se acha escondido no seio da alma, está como água suave e deleitosa, fartando a sede do espírito; e quando se exercita em sacrifício de amor a Deus, está como chamas vivas de fogo, que são as lâmpadas do ato de dileção, isto é, daquelas chamas de que fala o Esposo nos Cantares, já referidas acima. Por esta razão a alma aqui as denomina chamas; pois não somente as experimenta em si como águas, mas também as exercita em amor de Deus, como chamas. E porquanto na comunicação espiritual destas lâmpadas é a mesma alma inflamada, e posta em exercício de amor, em ato de amor, antes lhes dá o nome de lâmpadas do que de águas, dizendo: Oh! lâmpadas de fogo. Tudo quanto se pode dizer nesta canção fica aquém da realidade porque a transformação da alma em Deus é indizível. Tudo se resume nesta palavra: a alma é feita Deus de Deus por participação dele e de seus atributos por Ele chamados aqui lâmpadas de fogo.

Em cujos resplendores

9. Para entendermos quais sejam estes resplendores das lâmpadas de que a alma fala aqui, e como a mesma alma neles resplandece, precisamos saber que estes resplendores são os conhecimentos amorosos a ela comunicados pelas lâmpadas dos atributos de Deus. Unida, segundo suas potências, a eles, a alma também resplandece como eles, transformada, então, em resplendores amorosos. Esta ilustração de resplendores que fazem a alma por sua vez resplandecer, em fogo de amor, não é semelhante à das lâmpadas materiais que, com seus clarões, iluminam os objetos que as rodeiam; mas sim como de lâmpadas que se acham dentro das chamas, porque a própria alma está dentro desses resplendores. Por esta razão diz: em cujos resplendores, isto é, dentro deles; e não somente isto, mas até transformada e convertida em resplendores. E assim podemos dizer que é como o ar que se acha dentro da chama, abrasado e transformado na própria chama. Esta, aliás, não se compõe de outra coisa a não ser do ar inflamado; e os movimentos e os resplendores daquela chama não são produzidos somente pelo ar, nem somente pelo fogo, mas pelos dois elementos juntos; são resplendores que o fogo produz no ar inflamado em seu calor.

10. Nesta mesma disposição, podemos compreender, acha-se a alma com as suas potências, toda resplandecente, dentro dos resplendores de Deus. Os movimentos desta chama divina, isto é, as vibrações e labaredas de que falamos acima, não provêm somente da alma transformada nas chamas do Espírito Santo; nem são produzidas só por Ele; mas, sim, pelo Espírito Santo e pela alma, conjuntamente, movendo Ele a alma, como faz o fogo com o ar que inflama. Daí, estes movimentos de Deus e da alma juntos vêm a ser não só resplendores, mas também glorificações de Deus na alma; porque tais movimentos e labaredas são como jogos e festas joviais que o Espírito Santo realiza na alma, conforme dissemos no segundo verso da primeira canção; e neles, parece que sempre está o Espírito Santo querendo acabar de dar à alma a vida eterna, e chegar enfim a transportá-la a sua perfeita glória, introduzindo-a verdadeiramente dentro de si mesmo. De fato, em todos os benefícios que Deus faz à alma, os primeiros como os últimos, os maiores como os menores, sempre os concede com o fim de conduzi-la à vida eterna. É como a chama cujos movimentos e labaredas, produzidos no ar inflamado, tem por fim levá-lo consigo ao centro de sua esfera, e todos aqueles movimentos são como uma porfia para conquistá-lo mais e mais para si. Como, porém, o ar se encontra em sua própria esfera, não o pode levar o fogo para a sua; assim, estes movimentos do Espírito Santo – aliás eficacíssimos para absorver a alma em glória imensa –, todavia, não acabam de absorvê-la inteiramente até chegar o

tempo em que haja ela de sair da esfera desse ar terreno que é a vida mortal, e enfim possa entrar no centro do espírito que é a vida perfeita em Cristo.

11. Convém notar que esses movimentos mais são da alma do que de Deus, pois Deus não se move. Estes vislumbres de glória, dados aqui à alma, são, portanto, estáveis, perfeitos e contínuos, com firme serenidade em Deus. Tais serão eles na alma na vida eterna, sem alteração para mais ou para menos, e sem interpolação de movimentos; então verá claramente a alma que Deus, embora parecesse mover-se dentro dela, na realidade é imutável em seu ser, assim como o fogo também não se move em sua esfera; conhecerá como aqueles movimentos e labaredas que lhe davam sentimento de glória, ela os sentia porque não estava ainda perfeitamente glorificada.

12. Por tudo quanto dissemos, e ainda vamos dizer agora, entender-se-á com maior clareza qual seja a sublimidade dos resplendores dessas lâmpadas de que tratamos; a eles pode ser dado também o nome de obumbrações. Para inteligência disso, é preciso saber que obumbração significa a "ação da sombra"; ora, fazer sombra é o mesmo que amparar, favorecer, conceder graças. Efetivamente, quando a sombra de uma pessoa vem cobrir alguma outra, é sinal de que está perto para favorecer e amparar a esta última. Eis a razão pela qual o Arcanjo Gabriel usou deste termo para comunicar à Virgem Maria a grande mercê da conceição do Filho de Deus, dizendo: "O Espírito Santo virá sobre ti, e a virtude do Altíssimo te fará sombra" (Lc 1,35).

13. Para entender bem como seja esta projeção da sombra de Deus, ou obumbração, ou resplendores – pois tudo isso é o mesmo –, convém notar que cada coisa tem sua sombra e a produz conforme o seu tamanho e propriedades. Por exemplo, se o objeto é opaco e escuro, projeta sombra escura; se é claro e leve, faz sombra clara e leve. A sombra, pois, de uma treva será também treva, em proporção da primeira; e a sombra de uma luz será outra luz semelhante àquela.

14. Estas virtudes e atributos de Deus são lâmpadas acesas e resplandecentes; logo, achando-se tão perto da alma, como dissemos, não poderão deixar de projetar sobre ela suas próprias sombras, as quais são também acesas e resplandecentes na mesma proporção das lâmpadas que as projetam; e assim, tais sombras serão resplendores. Consequentemente, a sombra, produzida na alma pela lâmpada da formosura de Deus, será outra formosura proporcionada ao talhe e propriedade daquela mesma formosura divina; a sombra que faz a fortaleza será também fortaleza na medida daquela de Deus; a sombra da sabedoria divina será igualmente sabedoria semelhante à de Deus; assim do mesmo modo, em todas as outras lâmpadas, ou, por melhor dizer, a sombra será a mesma sabedoria, ou a mesma formosura, ou a mesma fortaleza de Deus, transformada em sombra, porque na terra jamais a alma o poderá compreender perfeitamente. Sendo esta sombra tão conforme à medida e propriedade de Deus, que é o próprio Deus, por ela bem conhece a alma a sublimidade de Deus.

15. À luz deste raciocínio, quais serão, pois, as sombras que fará o Espírito Santo nesta alma revelando-lhe as grandezas das virtudes e atributos seus, se está Ele tão perto dela que não somente chega a tocá-la com estas sombras, mas a ela se une em sombras e resplendores? Como não entenderá e gozará a alma, em cada uma delas, a Deus, segundo a propriedade e medida do próprio Deus nelas? Na verdade, entende e saboreia o poder divino, em sombra de onipotência; entende e goza a sabedoria divina, em sombra de sabedoria divina; entende e goza a bondade infinita, em sombra que a cerca de bondade infinita, e assim por diante. Finalmente, experimenta a glória de Deus, em sombra de glória, saboreando a propriedade e medida da glória de Deus. E tudo isso se passa no meio de claras e incendidas sombras, produzidas por aquelas claras e incendidas lâmpadas, todas unidas numa só lâmpada, isto é, no único e simples ser de Deus que resplandece atualmente sob todas estas formas.

16. Oh! pois, que sentirá agora a alma ao experimentar aqui o conhecimento e comunicação daquela figura vista por Ezequiel (Ez 1,5-25; 2,1), daquele animal de quatro faces, e daquele carro de quatro rodas! Vê como o aspecto dessa figura é semelhante ao de carvões ardentes e de lâmpadas acesas; percebe como aquela roda, que é a sabedoria de Deus, está cheia de olhos por dentro e por fora – símbolo dos conhecimentos divinos e dos resplendores das virtudes de Deus; sente em seu espírito aquele ruído produzido pela passagem desse carro, ruído seme-

lhante ao de multidões e exércitos, significando as magnificências divinas, que a alma aqui conhece distintamente, num único som de um só passo de Deus nela. Finalmente, goza daquele sopro de um bater de asas, comparado pelo profeta ao ruído do Deus altíssimo; o que significa o ímpeto das águas divinas já referido acima, as quais invadem a alma quando se ala o Espírito Santo na chama de amor alegrando a alma, fazendo-a gozar da glória de Deus em sua semelhança e sombra, conforme declara também o profeta dizendo que a visão daquele animal e daquela roda era a visão da semelhança da glória do Senhor. Qual seja a elevação em que se sente agora esta ditosa alma, quão imensa a grandeza que contempla em si mesma, quanta admiração experimenta ao ver-se naquela formosura santa –, quem o poderá dizer? Achando-se investida, assim, com tanta profusão pelas águas destes divinos resplendores, percebe claramente que o Pai eterno lha há concedido com mão larga esta divina rega, tanto para a parte superior como para a inferior do seu ser, como sucedeu a Aesa a quem seu pai concedeu a terra de regadio quando ela suspirava (Js 15,18-19); porque estas águas, quando correm, penetram alma e corpo, que são a parte superior e inferior.

17. Oh! admirável excelência de Deus! Embora estas lâmpadas dos atributos divinos sejam um simples ser e só neles se gozem, todavia, cada uma delas se vê distintamente, tão abrasada uma como a outra, e na realidade cada uma é substancialmente a outra. Oh! abismo de deleites! Tua abundância é tanto maior quanto mais

recolhidas se acham as tuas riquezas na unidade e simplicidade infinita de teu único ser, onde de tal maneira se conhece e goza de um atributo que não é isto impedimento para conhecer e gozar perfeitamente de outro; ao contrário, cada graça e virtude que há em ti é luz a revelar qualquer outra grandeza tua; porque pela tua pureza, ó Sabedoria divina, muitas coisas se veem em ti quando se contempla uma só delas. Na realidade, és tu o depósito dos tesouros do Pai, o resplendor da luz eterna, espelho sem mancha, e imagem de sua bondade (Sb 7,26). Em cujos resplendores

As profundas cavernas do sentido

18. Estas cavernas são as potências da alma – memória, entendimento e vontade. São tanto mais profundas quanto mais capazes de receber grandes bens; pois, para enchê-las, é preciso nada menos do que o infinito. Pelo que padecem quando estão vazias, podemos avaliar, de certo modo, quanto gozam e se deleitam quando estão cheias de Deus; pois um contrário esclarece o outro. Em primeiro lugar, notemos que estas cavernas das potências, quando ainda não se acham vazias, purificadas e limpas de toda afeição pela criatura, não sentem o grande vazio de sua profunda capacidade. Com efeito, nesta vida, qualquer ninharia que a elas se apegue, basta para as manter tão embaraçadas e enfeitiçadas, que não sentem quanto lhes prejudica; não percebem os imensos bens que possuem nem conhecem a sua capacidade para eles. É coisa espantosa que sendo as potências capazes de bens

infinitos, no entanto, baste o menor deles para as impedir de receber os infinitos, até que de todo fiquem vazias, conforme vamos explicar. Quando, porém, estão vazias e purificadas, é intolerável a sede, fome, e ânsia da parte espiritual; porque sendo profundos os estômagos destas cavernas, penam profundamente, uma vez que é também profundo o manjar que lhes falta, a saber, o próprio Deus. Este tão grande sentimento padece a alma de ordinário, perto do fim da sua iluminação e purificação, antes que chegue à união, onde já suas ânsias são satisfeitas. De fato, como o apetite espiritual se acha vazio e purificado de toda criatura e afeição dela, tendo perdido sua inclinação natural, inclina-se agora para o divino, e, por achar-se vazio, está disposto para ele; como, porém, não lhe é ainda comunicado este divino na união com Deus, a pena deste vazio e sede chega a ser pior do que a morte. Isto acontece, sobretudo, quando, por alguns visos ou resquícios, transluz algum raio divino sem, todavia, lhe ser comunicado. Tais são as almas que padecem com amor impaciente, e não podem ficar muito tempo sem receber, ou morrer.

19. Quanto à primeira caverna – o entendimento –, de que falamos aqui, o seu vazio é sede de Deus; tão imensa é esta sede, quando o entendimento está disposto, que não achando Davi outra melhor comparação, iguala-a à do cervo, que dizem ser veementíssima, e desse modo se exprime: "Assim como o cervo suspira pelas fontes das águas, assim minha alma deseja a ti, Deus" (Sl 41,1). E esta sede é das águas da sabedoria de Deus, objeto do entendimento.

20. A segunda caverna é a vontade e o seu vazio é fome de Deus tão grande que faz a alma desfalecer, segundo as palavras também de Davi: "Suspira e desfalece minha alma nos tabernáculos do Senhor" (Sl 83,3). E esta fome é da perfeição de amor que a alma pretende.

21. A terceira caverna é a memória; o seu vazio leva a alma a desfazer-se e derreter-se pela posse de Deus, como nota Jeremias, dizendo: "Lembrar-me-ei sem cessar com a memória, e derreter-se-á minha alma dentro de mim" (Lm 3,20). Revolvendo estas coisas em meu coração, viverei na esperança de Deus.

22. Profunda é, pois, a capacidade destas cavernas, porquanto nelas só pode caber o que é profundo e infinito, ou seja, o mesmo Deus. Assim, de certo modo a sua capacidade será infinita; sua sede, também infinita; sua fome, igualmente profunda e infinita; seu desfalecimento e pena é morte infinita; e embora não seja sofrimento tão intenso como na outra vida, contudo, é uma viva imagem daquela privação infinita, por achar-se a alma de certo modo já disposta para receber o que pode enchê-la plenamente. Este penar, no entanto, é de outra qualidade, porque está situado nas profundezas do amor da vontade; e não traz este amor alívio à pena, pois quanto maior é ele, tanto mais impaciente se torna pela posse de seu Deus, pelo qual suspira com intenso desejo a cada momento.

23. Oh! valha-me Deus! Se é certo que a alma, quando deseja a Deus com toda a sinceridade, já possui o

seu Amado, conforme diz São Gregório no comentário a São João, como, pois, padece por aquilo que já possui? No desejo que, segundo diz São Pedro (1Pd 1,12), têm os anjos de ver o Filho de Deus, não há pena ou ânsia alguma, porque já o possuem; logo, parece também que a alma, possuindo a Deus na mesma medida em que o deseja, goza dele com deleite e fartura. Assim, de fato, se dá com os anjos: estão satisfazendo seu desejo, e na posse acham deleite, pois sempre estão fartando sua alma com o desejo, sem que haja fastio na fartura; de modo que, não havendo neles fastio, sempre estão desejando; e como há posse não podem sofrer. A alma, portanto, deveria sentir agora não só dor e pena mas tanto maior fartura e deleite quanto mais intenso é o seu desejo, pois na medida em que deseja, possui a Deus.

24. Nesta questão muito convém observar a diferença existente entre possuir a Deus em si somente pela graça, e possuí-lo também pela união. No primeiro caso, há amor mútuo, e, no segundo, além do amor, há comunicação de um ao outro. É tanta essa diferença, como a do noivado para o matrimônio. No noivado, há o sim de parte a parte, e os dois se unem na mesma vontade; a noiva está ornada com as joias que lhe dá graciosamente o noivo. No matrimônio, porém, além disso, há comunicação das pessoas que se unem, e isto não existe ainda nos esponsais, embora haja por vezes visitas do noivo à noiva, com oferta de presentes; não se realiza, contudo, a união das pessoas, na qual está o fim dos

esponsais. Nem mais nem menos acontece à alma, quando chega a tal pureza em si mesma e em suas potências, que a vontade já se acha muito purificada de quaisquer gostos e apetites estranhos, tanto na parte inferior como na superior; e tendo dado inteiramente o "sim" a Deus a respeito de tudo isso, com a sua vontade plenamente unida à de Deus, por seu próprio e livre-consentimento, chegou a ter em Deus, pela graça de sua vontade, tudo quanto pode possuir por esta via da vontade e da graça. Em correspondência a este "sim" da alma, Deus lhe dá de sua parte o "sim" verdadeiro e total de sua graça.

25. É um estado muito sublime este do noivado espiritual da alma com o Verbo; nele, o Esposo lhe concede grandes mercês, e muitas vezes visita-a amorosissimamente, cumulando-a, nessas visitas, de imensos benefícios e deleites. Não se comparam, todavia, aos do matrimônio; antes são disposições para a união do matrimônio. Sem dúvida, tudo se passa em alma já purificadíssima, de toda afeição de criatura, pois não se realiza o desposório espiritual enquanto não se chega a este ponto. São necessárias, contudo, outras disposições positivas de Deus na alma, operadas mediante visitas e dons divinos, em que Ele vai purificando-a mais, e também aformoseando-a e afinando-a, a fim de ser convenientemente preparada para tão alta união. Isto requer tempo, mais longo para umas e menos para outras, porque Deus vai agindo conforme a feição da alma. Esta preparação é figurada pela das donzelas que foram escolhidas para o Rei Assuero (Est 2,12); embora já houvessem sido tira-

das de sua terra e da casa de seus pais, permaneciam um ano inteiro encerradas no palácio antes de serem levadas ao leito do rei; empregavam metade desse ano em dispor-se com certos unguentos de mirra e diversas espécies aromáticas, e a outra metade, com outros unguentos mais finos; só depois disso é que iam ao leito do rei.

26. No tempo, pois, deste desposório e espera do matrimônio, que se passa nas unções do Espírito Santo, quando mais sublimes são os unguentos de disposições para a união com Deus, as ânsias das cavernas da alma costumam ser extremas e delicadas. Como tais unguentos são agora mais proximamente dispositivos para a união de Deus, por serem mais chegados a Ele, dando-lhe consequentemente o gosto de Deus e estimulando delicadamente o seu apetite de possuí-lo, tornam o seu desejo mais delicado e profundo, porque esse mesmo desejo de Deus é disposição para unir-se com Ele.

27. Oh! que boa ocasião seria esta para avisar as almas levadas por Deus a tão delicadas unções, que olhem bem o que fazem, e em que mãos se põem, para não retrocederem! Parecerá talvez sair fora do assunto de que vamos tratando. Causa-me, porém, tão grande impressão e lástima ao coração ver as almas voltarem atrás, e considerar que não somente elas não se deixam ungir de modo a passarem adiante, mas chegam até a perder os efeitos já produzidos pela unção divina! E, assim, não posso deixar de dar-lhes aqui alguns avisos a este respeito, dizendo-lhes o que devem fazer para evitar tanto

prejuízo; e, embora tenha de demorar-me um pouco em voltar ao assunto, logo tornarei a ele; aliás, tudo servirá para melhor explicar as características destas cavernas, como será muito necessário não só para estas almas que vão tão prósperas, mas para todas as outras que andam a buscar seu Amado, por isso quero dizê-lo.

28. Primeiramente, estejamos certos de que se a alma busca a Deus, muito mais a procura o seu Amado; se ela dirige a Ele seus amorosos desejos – tão perfumados aos olhos de Deus como a nuvenzinha de fumaça que se eleva das espécies aromáticas da mirra e do incenso (Ct 3,6) –, o Esposo, por sua vez, envia-lhe o perfume de seus unguentos com que a atrai e faz correr para Ele, os quais são suas divinas inspirações e toques. Pelo fato de serem de Deus, vêm moderados e regulados pela perfeição da lei de Deus e da fé, e nesta perfeição é que a alma há de ir chegando sempre mais à união com Deus. Isto deve ela compreender: o desejo de Deus em todas as mercês que lhe concede, nas unções e olores de seus unguentos, é dispor a alma para outros mais subidos e delicados unguentos, os quais serão mais conformes ao feitio de Deus, até fazê-la chegar a tão delicada e pura disposição que mereça, enfim, a união divina, e a transformação substancial em todas as suas potências.

29. Considere, pois, a alma, como nesta obra é principalmente Deus quem age; é Ele aqui como o guia de cego que há de levá-la pela mão aonde ela jamais saberia ir, isto é, às coisas sobrenaturais, incompreensíveis

ao seu entendimento, vontade e memória; todo o seu cuidado, portanto, há de consistir, sobretudo, em não pôr obstáculo àquele que a guia pelo caminho ordenado por Deus, na perfeição da lei divina e da fé, conforme dissemos. Tal impedimento pode advir à alma quando ela se deixa levar e guiar por outro cego. Ora, os cegos que a poderiam apartar do caminho são três: o diretor espiritual, o demônio, e ela mesma. Para que entenda, pois, como isto possa acontecer, trataremos um pouco de cada um deles.

30. Vejamos o primeiro cego. É sobremaneira conveniente à alma, que quer adiantar-se no recolhimento e perfeição, olhar em que mãos se põe; porque qual o mestre, tal o discípulo e qual for o pai, tal será o filho. Note-se bem que para este caminho, ao menos para o que nele há de mais elevado, e ainda mesmo para o mediano, dificilmente se achará um guia cabal que tenha todos os requisitos necessários. Com efeito, além de ser sábio e prudente é mister que tenha experiência; porque para guiar o espírito, embora o fundamento seja o saber e a prudência, se não houver experiência do que é puro e verdadeiro espírito, não será possível atinar a dirigir a alma nele, quando Deus lho dá, e nem mesmo haverá compreensão do que seja.

31. Desse modo, muitos diretores espirituais prejudicam grandemente muitas almas; como não entendem as vias e peculiaridade do espírito, ordinariamente, induzem as almas à perda destas unções de delicados perfumes com que o Espírito Santo as vai ungindo e dispondo

para si. Ocupam-se em dirigi-las por outros caminhos mais comuns que eles conhecem por experiência, ou por leituras, e que servem apenas para principiantes. Não sabem guiar senão a estes, e praza a Deus sejam aptos para isso! E assim não querem deixar que as almas se adiantem – mesmo quando Deus as quer levar – além daqueles princípios de oração discursiva e imaginária, para que não excedam e ultrapassem a capacidade natural cujo lucro para a alma é diminuto.

32. A fim de entendermos qual seja esta condição de principiantes devemos saber que o estado e exercício deles é de meditação, fazendo atos e exercícios discursivos com a imaginação. É, portanto, necessário à alma, neste estado, que lhe seja fornecida matéria de meditação em que possa discorrer; convém fazer de sua parte atos interiores, aproveitando-se do sabor e suco, sensitivo nas coisas espirituais; porque nutrindo o apetite com o sabor do que é espiritual, se vai desarraigando dos gostos sensíveis e morrendo às coisas do século. Quando, porém, o apetite já se acha um tanto alimentado pelas coisas do espírito e de certo modo habituado a elas, com alguma fortaleza e constância, logo começa Deus a desmamar a alma, por assim dizer, pondo-a em estado de contemplação. Isto, em algumas pessoas costuma suceder muito depressa, mormente quando professam o estado religioso, pois, renunciando mais prontamente às coisas do século, conformam a Deus o sentido e apetite, e assim passam aos exercícios do espírito, sob a ação de Deus. Então cessam os atos discursivos e a meditação em que se exercitava a

própria alma, bem como aqueles primeiros gostos e fervores sensíveis; já não pode a alma discorrer como antes, nem acha mais apoio algum para o sentido, ficando este na secura, porquanto todo o seu caudal passou para o espírito que não cai sob o sentido. Como naturalmente a alma só pode ter suas operações por meio do sentido, decorre daí que, neste estado, é Deus quem age, e a alma está passiva sob a ação divina; porque permanece como alguém que recebe e em quem se age, enquanto Deus é quem dá e faz sua obra na alma, concedendo-lhe os bens espirituais na contemplação, que consiste conjuntamente em conhecimento e amor divino, isto é, conhecimento amoroso, sem que a alma de sua parte se exercite em atos ou discursos naturais, pois não lhe é mais possível usar deles como antes.

33. Em consequência disso, a alma, neste tempo, há de ser levada de modo totalmente contrário ao que seguia até então. Se lhe davam matéria para meditar, e tinha meditação, agora lhe seja tirada e não medite; porque, torno a dizer, não poderá, por mais que o queira, e, em vez de recolher-se, distrair-se-á. Se antes buscava e achava gosto, amor e fervor, já não o queira nem procure, porque não somente lhe será impossível achá-lo com sua diligência, mas, ao contrário, só encontrará secura; porque, pela obra que quer fazer por meio do sentido, afasta-se do bem pacífico e tranquilo que lhe está sendo infundido secretamente no espírito, e assim perde este sem lucrar aquele, pois já não consegue receber os bens divinos por meio do sentido como outrora. Por tal razão,

quando a alma se acha neste estado, de modo algum se lhe há de impor que medite e se exercite em atos determinados, nem que procure sabor ou fervor. Seria, com efeito, pôr obstáculo a quem nela age de modo principal, isto é, a Deus, como digo, pois é Ele que em segredo e quietação anda a infundir na alma sabedoria e conhecimento amoroso, sem especificação de atos, embora por vezes mova a alma a fazê-los distintamente, durante algum tempo. De sua parte, a alma também se há de conduzir somente com essa atenção amorosa a Deus, sem atos particulares, mantendo-se, conforme dissemos, passivamente, sem fazer diligências por si mesma, e só com determinação e atenção amorosa, simples e singela, como quem abre os olhos, com atenção de amor.

34. Se então Deus, no modo de comunicar-se, usa com a alma deste saber simples e amoroso, também a alma, de sua parte, trate com Ele do mesmo modo, recebendo a comunicação divina mediante este mesmo saber, e atenção simples e amorosa, para que assim possam juntar-se saber com saber e amor com amor; porque é conveniente ao que recebe adaptar-se ao modo daquilo que recebe e não a outro, a fim de poder receber e conservar como lhe dão, segundo o axioma dos filósofos: aquilo que se recebe é recebido conforme o recipiente que o recebe. Logo, está claro que, se a alma não abandonasse então seu modo natural ativo, não receberia aquele bem senão de modo natural, e, portanto, não o receberia, mas ficaria apenas com um ato natural; pois o sobrenatural não cabe no modo natural, e nada tem a ver

com ele. Assim, e querendo a alma agir por si mesma, fazendo mais do que permanecer naquela atenção amorosa de que falamos, com muita passividade e quietação sem produzir ato natural, a não ser quando Deus a inspirasse a isto, é certo que, de modo total, põe obstáculo aos bens que Deus lhe está comunicando sobrenaturalmente mediante o conhecimento amoroso. Esta comunicação, a princípio, é feita no exercício da purificação interior padecida pela alma, como referimos atrás; só depois lhe é concedida com suavidade de amor. O conhecimento amoroso, conforme tenho dito e assim é na verdade, recebe-o a alma passivamente mediante a comunicação sobrenatural de Deus, e não segundo sua maneira natural; logo, para recebê-lo, a alma há de estar muito aniquilada em suas operações naturais, livre e desocupada, quieta, pacífica e serena, conforme ao modo de Deus. É assim como o ar, o qual na medida em que estiver mais limpo de vapores, e mais puro e sereno, mais será iluminado e aquecido pelo sol. Daí a necessidade para a alma de não estar apegada a coisa alguma, seja a exercício de meditação ou raciocínio, seja a qualquer sabor, sensitivo ou espiritual; nem a outros quaisquer conhecimentos; porque se requer o espírito tão livre e aniquilado acerca de tudo, que o mínimo vestígio de pensamento ou discurso, ou gosto, a que então a alma quiser apoiar-se, servirá de impedimento; e trará inquietação e ruído ao profundo silêncio que deve haver tanto na parte sensitiva como na parte espiritual para tão profunda e delicada audição, qual seja a da voz de Deus ao coração, na soledade, conforme a palavra do Profeta Oseias (Os 2,14). Isto se realiza em suma tranquilidade e paz, escutando e ouvindo a alma o que fala nela o Senhor Deus, segundo diz Davi (Sl 84,9); pois, na verdade, a voz de Deus fala esta paz nesta solidão.

35. Quando acontecer, portanto, que a alma deste modo se sinta pôr em silêncio e escuta, há de olvidar até mesmo o exercício de advertência amorosa de que falei, a fim de permanecer livre para o que dela então quer o Senhor. Com efeito, só deve usar daquela atenção amorosa quando não se sente pôr em solidão ou ócio, interior, ou em olvido e escuta espiritual. E para que o entenda, é mister saber que isto sempre se manifesta com certa quietação cheia de paz e recolhimento interior.

36. Consequentemente, qualquer que seja a ocasião e tempo em que a alma começar a entrar neste simples e ocioso estado de contemplação, no qual já não pode meditar, nem acerta a fazê-lo, não há de querer procurar meditações nem apoiar-se aos gostos e sabores espirituais; ao contrário, é preciso estar sem arrimo, e de pé, com o espírito desapegado de tudo e acima de todas essas coisas, conforme declara Habacuc que havia de fazer para ouvir a palavra do Senhor: "Estarei, diz, em pé sobre minha guarda, e firmarei meu passo sobre minha munição, e contemplarei o que me for dito" (Hab 2,1). Como se dissera: levantarei minha mente sobre todas as operações e conhecimentos que possam cair sob meus sentidos, e o que estes possam guardar e reter em si, deixando tudo abaixo; e firmarei o passo sobre a munição

de minhas potências, não as deixando andar em atividades próprias, a fim de poder receber na contemplação o que me for comunicado da parte de Deus; pois, como dissemos, a contemplação pura consiste em receber.

37. Esta altíssima sabedoria e linguagem de Deus, qual é a contemplação, não pode ser recebida senão quando o espírito está posto em silêncio, e já desarrimado de todos os gostos e conhecimentos discursivos. De fato, assim o declara Isaías por estas palavras: "A quem ensinará ciência, e a quem fará Deus ouvir sua palavra?" E responde: "Aos desmamados do leite" – isto é, dos gostos e sabores – "e aos apartados dos peitos" (Is 28,9), a saber, dos conhecimentos e apreensões particulares.

38. Ó alma espiritual! Tira os grãos de pó, os pelos e as névoas, e purifica teus olhos; brilhará então o sol claro, e verás claro. E tu, ó mestre espiritual, põe a alma em paz, tirando-a e libertando-a do jugo e servidão deste cativeiro do Egito que é a fraca operação de sua própria capacidade, onde tudo consiste pouco mais do que em juntar palhas para cozinhar barro; conduze-a à terra de promissão que mana leite e mel. Olha bem, que para essa liberdade e santo ócio dos filhos de Deus é a alma chamada por Ele ao deserto, para aí andar vestida de festa, ataviada com joias de ouro e prata. Já abandonou o Egito – a parte sensitiva – deixando-o vazio de suas riquezas. E não só isto. Já estão agora afogados os egípcios no mar da contemplação; com efeito, o egípcio, que é o sentido, não podendo mais tomar pé, ou achar apoio, afoga-se. Deixa ele então livre o filho de Deus, que é o

espírito desembaraçado dos limites e servidão das operações naturais dos sentidos, ou seja, do seu mesquinho entender, do seu baixo modo de sentir, da sua pobre maneira de amar e gozar; e assim se torna apto o mesmo espírito para receber de Deus o suave maná cujo sabor – encerrando embora todos os gostos e sabores aos quais tu queres trazer a alma com seu próprio trabalho – é tão delicado que se desmancha na boca, e não poderá ser saboreado com mistura de qualquer outro gosto ou alimento. Quando, pois, a alma for chegando a este estado, procura de tua parte tirar-lhe o apoio de todos os desejos de gostos, experiências, sabores e meditações espirituais; não a inquietes com cuidados e solicitudes de espécie alguma, seja mesmo do céu, e menos ainda da terra; procura, ao contrário, pôr a alma no maior alheamento e solidão que for possível. Na verdade, quanto melhor alcançar isto, e quanto mais depressa chegar a esta ociosa tranquilidade, tanto mais abundantemente lhe irá sendo infundido o espírito da divina sabedoria, que é amoroso, tranquilo, solitário, pacífico, suave e inebriante para o espírito humano, o qual se sente terna e brandamente chagado e roubado, sem saber por quem, nem donde, nem como. A causa disso é que a comunicação foi feita sem o concurso da própria alma.

39. Um pouquinho que Deus opere na alma, neste santo ócio e soledade, é um bem inapreciável, por vezes muito maior do que a própria alma ou quem a dirige possam imaginar. E embora não se veja tanto na ocasião, a seu tempo manifestar-se-á. O mínimo que a alma então

pode alcançar é sentir um alheamento e estranheza em relação a tudo, algumas vezes com maior intensidade do que em outras; ao mesmo tempo sente inclinação para a soledade, e tédio de todas as criaturas deste mundo, enquanto respira suavemente amor e vida no espírito. E, assim, tudo quanto não é este alheamento e estranheza causa-lhe dissabor; pois, como se costuma dizer, quando goza o espírito, a carne fica sem prazer.

40. São, porém, inestimáveis os bens que esta comunicação e contemplação silenciosa deixam impressos na alma, sem ela então o sentir, conforme dissemos. De fato, são unções secretíssimas, e, portanto, delicadíssimas, do Espírito Santo, que ocultamente enchem a alma de riquezas, dons e graças espirituais; porque sendo operações do próprio Deus, Ele as faz necessariamente como Deus.

41. Estas unções, pois, e matizes, têm a delicadeza e sublimidade do Espírito Santo, e, por causa de sua finura e sutil pureza, não podem ser entendidas pela alma nem por quem a dirige, mas unicamente por aquele que opera tais primores para comprazer-se mais na alma. E muito facilmente acontece que o mínimo ato que a alma queira fazer de sua parte, seja com a memória, o entendimento, ou a vontade, seja aplicando ali o sentido, ou desejo, ou conhecimentos ou ainda procurando gozo e sabor, basta para perturbar ou impedir essas unções no seu íntimo –, o que constitui grave prejuízo e dor, e motivo de pena e grande lástima.

42. Oh! É caso importante e digno de admiração: não aparecendo o prejuízo, nem quase nada o que se interpôs naquelas santas unções, é mais doloroso e irremediável do que se fossem prejudicadas e perdidas muitas outras almas comuns, ordinárias, que não se acham neste estado, onde recebem tão subido esmalte e matiz. É como se num rosto de primorosa e delicada pintura trabalhasse uma tosca mão, com ordinárias e grosseiras cores; seria então o prejuízo, maior e mais notável, mais para lastimar do que se manchassem muitos rostos de pintura comum. Na verdade, se o lavor daquela mão delicadíssima do Espírito Santo veio a ser estragado por outra mão grosseira, quem acertará a refazê-lo?

43. E sendo este prejuízo maior e mais grave do que se possa encarecer, todavia, é tão comum e frequente, que mal achara um diretor espiritual capaz de não o causar nas almas que Deus começa a recolher nesta maneira de contemplação. Com efeito, muitas vezes Deus está ungindo a alma contemplativa com alguma dessas unções delicadíssimas de conhecimento amoroso, sereno, pacífico, solitário, mui remoto para o sentido, e além de quanto se pode imaginar, sem que seja possível meditar ou pensar em objeto algum, nem gozar de coisa do céu ou da terra, pois a alma está ocupada por Deus naquela unção solitária, e inclinada à solidão e ócio. Vem o diretor espiritual, que não sabe senão martelar e bater com as potências qual ferreiro, e pelo fato de não ensinar mais do que aquilo, nem saber mais do que meditar, dirá: vamos, deixai-vos destes repousos,

pois isto é ociosidade e perda de tempo; ocupai-vos em meditar e fazer atos interiores, porque é necessário agir de vossa parte quanto vos for possível; essas coisas são iluminismos e enganos de néscios.

44. E, assim, por não entenderem tais diretores os graus de oração e vias de espírito, não percebem como aqueles atos nos quais obrigam a alma a exercitar-se e também o querer levá-la pelo caminho do raciocínio é trabalho já feito, pois essa alma já chegou à negação e silêncio do sentido e do raciocínio; alcançou a via do espírito, que é a contemplação, na qual cessa a atividade do sentido e do raciocínio, próprio da alma, e agora é só Deus que age, falando secretamente à alma solitária, e ela se cala. Havendo esta alma atingido a via do espírito, conforme descrevemos, se então quiserem que ela caminhe segundo o sentido, decerto há de retroceder e distrair-se. Quem já chegou ao fim, e se põe a caminhar para alcançar esse fim, além de ser coisa ridícula, forçosamente se afastará do termo do caminho. À alma, pois, que chegou, pela operação das suas potências, ao recolhimento e quietação que todo espiritual pretende, e em que cessam todas as operações das mesmas potências, não somente lhe seria vão ocupar-se de novo em atuar com as potências para alcançar tal recolhimento, mas até ocasionaria prejuízo, porquanto serviria de distração, levando-a a deixar aquele recolhimento já alcançado.

45. Não entendem estes mestres espirituais, como digo, o que seja recolhimento e solidão espiritual da alma, nem as propriedades que encerra; não sabem que

em tal solidão Deus opera na alma estas subidas unções; por isso, sobrepõem ou interpõem outros unguentos de mais baixo exercício espiritual, levando, como dissemos, a alma a agir. A diferença entre o que eles querem e o que a alma tem é tão grande como a de obra humana a obra divina, e do natural ao sobrenatural; porque de um modo é Deus que age sobrenaturalmente, na alma, e de outro, é só a alma que age naturalmente. Ainda acontece pior: em exercitar-se com a sua operação natural, perde a alma a solidão e recolhimento interior, e, consequentemente, perde a sublime obra que Deus executava nela; e assim, tudo se resume em martelar o ferro, prejudicando uma obra, sem aproveitar a outra.

46. Advirtam tais guias espirituais de almas, e considerem que o principal artífice, guia e inspirador das almas em semelhante obra é o Espírito Santo, e não eles. Este Espírito divino jamais perde o cuidado delas; os diretores são apenas instrumentos para dirigir as almas na perfeição, mediante a fé e a lei de Deus, e segundo o espírito que Ele vai dando a cada uma. Toda a solicitude que eles devem ter, portanto, seja em não as sujeitar ao próprio modo e condição deles, mas sim em olhar bem se sabem o caminho por onde Deus as conduz; porque se o não sabem, deixem-nas, e não as perturbem. Conformando-se ao caminho e espírito em que Deus as leva, procurem dirigir sempre estas almas a maior solidão, tranquilidade e liberdade de espírito; concedam-lhes latitude para que não fique preso o sentido corporal e espiritual a coisa alguma particular, interior ou exterior,

quando Deus as quer levar por esta soledade; e não se aflijam eles, nem se preocupem, julgando que nada se faz; pois, embora a alma fique inativa, é Deus então quem nela age. Procurem os guias espirituais desembaraçar a alma, pondo-a em ociosidade de modo que não esteja atada a qualquer conhecimento particular, seja do céu ou da terra; e que não se incline para algum sabor ou gosto, ou a alguma outra apreensão, permanecendo vazia em pura negação de toda criatura, e estabelecida em pobreza espiritual. Isto convém fazer a alma, de sua parte, como aconselha o Filho de Deus, dizendo: "Quem não renuncia a tudo quanto possui não pode ser meu discípulo" (Lc 14,33). E esta renúncia se entende não só quanto às coisas temporais segundo a vontade, mas também quanto à desapropriação das coisas espirituais, que inclui a pobreza espiritual a que o mesmo Filho de Deus chama bem-aventurança (Mt 5,3). Se a alma procurar desocupar-se assim de todas as coisas, chegando a ficar vazia e desapropriada de todas elas – que é tudo quanto pode então fazer, como dissemos –, tendo ela feito o que era de sua parte, é impossível que Deus deixe de fazer a dele em comunicar-se à alma, pelo menos em segredo e silêncio. Isto é mais impossível do que deixar de brilhar o raio de sol em lugar sereno e descoberto. Na verdade, assim como o sol está madrugando para penetrar em tua casa, se lhe abrires a janela, assim Deus que não dorme em guardar a Israel (Sl 120,4), também está vigilante para entrar na alma vazia e enchê-la de bens divinos.

47. Deus está como o sol sobre as almas, para comunicar-se a elas; os que as guiam contentem-se em as dispor para isso, segundo a perfeição evangélica, que consiste na desnudez e vazio do sentido e espírito. Não queiram passar adiante, para edificar, pois este ofício pertence unicamente ao Pai das luzes donde desce toda boa dádiva e todo dom perfeito (1Tg 1,17). Efetivamente, como diz Davi, se o Senhor não edifica a casa, em vão trabalham os que a edificam (Sl 126,11). E sendo Deus o artífice sobrenatural, construirá sobrenaturalmente em cada alma o edifício que lhe aprouver, se tu, ó mestre espiritual, a preparares, procurando aniquilar a atividade dela em suas operações e afeições naturais, pois estas não lhe dão força nem habilidade para o edifício sobrenatural, e, ao contrário, servirão antes de estorvo do que de auxílio. É de teu ofício realizar esta preparação da alma; e compete a Deus, como diz o Sábio (Pr 16,1-9), dirigir o seu caminho, isto é, levá-la aos bens sobrenaturais, usando de meios e modos que nem tu, nem a alma, podem entender. Não digas, portanto: Oh! Esta alma não progride, porque nada faz! Pois se é verdade que nada faz, por esta mesma razão de não agir, provar-te-ei aqui como faz muito. Quando o entendimento se vai despojando de conhecimentos particulares, sejam naturais ou espirituais, vai progredindo; e quanto mais ficar vazio de qualquer conhecimento determinado, e de todos os atos que lhe são próprios, tanto mais se adianta o mesmo entendimento no seu caminho para o sumo bem sobrenatural.

48. Oh! Dirás que a inteligência nada entende distintamente, e assim não poderá ir adiante. Ao contrário, eu te digo, se entendesse distintamente, não iria adiante. A razão é esta: Deus, a quem se encaminha o entendimento, ultrapassa o mesmo entendimento; e, portanto, é incompreensível e inacessível ao entendimento; se, pois, o entendimento vai entendendo, não se vai aproximando de Deus, mas vai antes se apartando dele. Logo, é necessário que o entendimento se aparte de si mesmo e de sua compreensão para aproximar-se de Deus, caminhando na fé, e que vá crendo, e não entendendo. Desse modo chegará o entendimento à perfeição, pois só pela fé e não por outro meio é que se junta com Deus; e mais se aproxima a alma de Deus não entendendo do que entendendo. Não há motivo para te afligires com isto; se o entendimento não volver atrás (o que aconteceria se ele quisesse ocupar-se em conhecimentos distintos, e em outros raciocínios e compreensões, quando é necessário que queira permanecer ocioso) é certo que irá adiante; porque irá ficando vazio de tudo quanto poderia encerrar em si, e que não era Deus, pois, como dissemos, Deus não pode caber dentro dele. Nesta questão de perfeição, o não volver atrás é progredir; e o progredir, para o entendimento, é caminhar cada vez mais na fé, e, portanto, caminhar mais na obscuridade, porque a fé é treva para o entendimento. Daí a necessidade de caminhar para Deus, a Ele rendido sem entender, pois o entendimento não pode ter a compreensão de Deus. Assim, para obter resultado, convém ao entendimento

seguir o que tu condenas, isto é, não ocupar-se em conhecimentos distintos, visto que mediante eles não lhe é possível chegar a Deus, mas, ao contrário, só podem embaraçá-lo para aproximar-se dele.

49. Oh! Dirás que o entendimento não entendendo distintamente, a vontade ficará ociosa, e não se exercitará no amor e a isto sempre é necessário fugir na vida espiritual, pois a vontade não pode amar senão aquilo que conhece o entendimento. É verdade, sobretudo quanto às operações e atos naturais da alma, que a vontade só ama o que distintamente percebe o entendimento; mas na contemplação de que tratamos, por meio da qual Deus infunde algo de si mesmo na alma, não há necessidade de conhecimento distinto, nem de atos da inteligência feitos pela alma; porque, num só ato, Deus está comunicando luz e amor ao mesmo tempo; tal é o conhecimento sobrenatural e amoroso a que podemos chamar luz abrasadora, pois esta luz enamora a alma aquecendo-a; e esse conhecimento é confuso e obscuro para o entendimento, por ser conhecimento de contemplação, o qual, no dizer de São Dionísio, é raio de treva para o mesmo entendimento. Por este motivo, do mesmo modo que a inteligência é dada ao entendimento, o amor é também comunicado à vontade. Como este conhecimento infundido por Deus no entendimento é geral e obscuro, sem inteligência distinta, assim também a vontade ama de modo geral, sem distinção alguma de coisa particular que haja entendido. Deus é divina luz e amor: na comunicação feita de si mesmo à alma, infunde inteligência

e amor igualmente às duas potências, que são entendimento e vontade. Ora, não sendo ele inteligível nesta vida, o conhecimento só pode ser obscuro, como digo, e do mesmo modo o amor na vontade. Sem dúvida, nesta comunicação delicada, por vezes Deus se comunica mais a uma potência do que a outra, ferindo-a mais intensamente; acontece à alma ter então mais inteligência do que amor, ou, ao invés, mais amor do que inteligência; em outras ocasiões, tudo será conhecimento, sem amor; e, às vezes, tudo será amor sem nenhuma inteligência. Digo, portanto, que em se tratando de atos naturais da alma por via de razão, é certo que não pode ela amar sem entender; mas nos atos que Deus opera e infunde na alma, como faz nesta de que vamos tratando, é diferente, e pode muito bem comunicar-se Ele a uma potência e não a outra. Pode inflamar a vontade ao contato da chama de seu amor, sem que o perceba o entendimento, tal como uma pessoa pode ser aquecida pelo fogo sem o ver.

50. Destarte, muitas vezes sentir-se-á a vontade inflamada, ou enternecida, e enamorada, sem saber nem entender coisa mais distinta do que anteriormente, ordenando Deus nela o amor, como diz a Esposa nos Cantares: "Introduziu-me o Rei na adega de seus vinhos, e ordenou em mim a caridade" (Ct 2,4). Logo, não há razão para temer a ociosidade da vontade neste caso; se deixa de fazer atos de amor sobre conhecimentos particulares, é porque agora é Deus quem nela os faz, embriagando-a secretamente em amor infuso, seja por meio do conhecimento de contemplação ou sem isto, conforme dissemos.

E tais atos são tanto mais saborosos e meritórios do que se a própria alma os fizera quanto mais perfeito é aquele que causa e infunde este amor, a saber, o próprio Deus.

51. Este amor, Deus o infunde na vontade quando está vazia e desapegada de outros gostos e afeições particulares, celestes e terrestres. Por esta razão, convém ter cuidado em manter a vontade assim vazia e despojada de suas afeições; porque se não volver atrás em busca de algum sabor ou gosto, embora no momento não o sinta em Deus, irá para diante, ultrapassando todas as coisas para chegar a Deus, pois em nenhuma delas acha gosto. E ainda que não goze de Deus de modo muito particular e distinto, e não o ame com ato bem determinado, contudo o goza secretamente naquele conhecimento geral e obscuro, mais do que em todas as coisas distintas. De fato, a alma percebe claramente que nada lhe dá tanto gosto como aquela quietude solitária. Ama então a Deus acima de todas as coisas amáveis, pois já se desprendeu de todos os gostos e sabores de todas elas, e os acha insípidos. Não há motivo, portanto, para lastimar-se, desde que a vontade vai adiante quando não pode deter-se em exercícios e gostos de atos particulares. Aqui, o não volver atrás, abraçando algo de sensível, é ir adiante ao inacessível, que é Deus, e assim não é de admirar que a alma não o sinta. Com efeito, para a vontade encaminhar-se a Deus, mais há de ir desprendida de tudo quanto é deleitoso e saboroso do que apegando-se a isto; assim cumpre bem o preceito do amor, que é amar a Deus sobre todas as coisas; o que não é possível sem desapego e vazio de todas elas.

52. Tampouco há que temer quando a memória se esvazia de suas imagens e figuras. Deus não tem forma ou figura; logo, há segurança para ela em ir vazia dessas formas e figuras, e mais se aproxima então de Deus; porque quanto mais se apoiar à imaginação, mais se afastará de Deus, e correrá maior perigo, pois sendo Deus incompreensível, não pode ser captado pela imaginação.

53. Os diretores espirituais a que nos referimos não entendem estas almas que seguem por esta via de contemplação quieta e solitária, em razão de não terem eles chegado a isso, ou ignorarem o que seja sair dos raciocínios na meditação, como já dissemos. Pensam que estão elas ociosas, e por isso as estorvam, impedindo aquela paz da contemplação sossegada e quieta que Deus lhes dava; querem que elas continuem no caminho da meditação e discurso imaginário e exercício da imaginação, e que façam atos interiores; em todos estes exercícios as almas acham então grande repugnância, secura e distração, pois desejariam permanecer em seu santo ócio, e naquele recolhimento quieto e pacífico. Como veem os tais diretores que nesse recolhimento o sentido não acha em que gozar, nem em que se prender, nem mesmo em que se ocupar, persuadem as almas a procurar gostos e fervores, quando, na verdade, deveriam aconselhar o contrário. E como essas almas não o podem fazer nem acham gozo como antes, por ter já passado o tempo disto, e não ser mais este o caminho que seguem, perdem a paz duplamente, pensando que estão perdidas; e eles as ajudam a crer que assim é, pondo-lhes o espírito na

secura e tirando-lhes aquelas preciosas unções com que Deus as favorecia na solidão e tranquilidade. Este modo de dirigir, torno a dizer, é de grande prejuízo para as almas, enchendo-as de aflição e fazendo-as errar, pois de uma parte perdem, e de outra sofrem sem proveito.

54. Tais diretores não sabem o que seja espírito. Fazem a Deus grande injúria e desacato, querendo meter sua mão grosseira na obra divina; na verdade, muito caro custou a Deus levar estas almas até aqui, e muito se preza de as haver conduzido a esta solidão e vazio das potências e atividades, a fim de poder falar-lhes ao coração, e este é o desejo permanente de Deus. Toma Ele agora a alma pela mão, e já tem dentro dela o seu reino, com abundância de paz e sossego; faz com que desfaleçam os atos naturais das potências que trabalhavam toda a noite sem nada conseguir; é já o espírito que apascenta essas potências, sem concurso nem trabalho do sentido, porque este com sua obra não tem capacidade para o espírito.

55. Bem mostra Deus quanto preza esta tranquilidade e adormecimento ou alheamento do sentido, ao fazer, no livro dos Cantares, aquela conjuração tão notável e eficaz: "Conjuro-vos, filhas de Jerusalém, pelas cabras e cervos campestres, que não desperteis ou acordeis minha amada até que ela queira" (Ct 5,3). Nestas palavras, dá a entender quanto ama aquele adormecimento e olvido solitário, pois menciona animais tão solitários e esquivos. Esses guias espirituais, porém, não querem deixar a alma repousar ou aquietar-se, mas exigem que trabalhe

sempre, e esteja continuamente agindo, de modo a não permitir que Deus aja: e assim o que Ele vai obrando vai sendo desfeito e inutilizado pela operação da alma; parecem aquelas raposinhas que destroem a vinha florida da alma, razão pela qual se queixa o Senhor por Isaías, dizendo: "Vós destruístes minha vinha" (Is 3,14).

56. No entanto, estes ainda erram com boa intenção, porque a mais não chega sua ciência. Não lhes serve isto de escusa, todavia, nos conselhos que temerariamente dão, sem primeiro se informarem do caminho e espírito em que Deus conduz a alma, intrometendo sua mão grosseira naquilo que não entendem, e não deixando que a alma seja entendida por outrem. Não é coisa de pouco peso e de pequena culpa fazer uma alma perder bens inestimáveis, e até deixá-la, por vezes, muito prejudicada por temerário conselho. E, assim, quem temerariamente erra, quando estava obrigado a acertar – como cada um o deve estar em seu próprio ofício –, não ficará sem castigo, em proporção ao prejuízo que ocasionou. Nestas coisas de Deus, havemos de tratar com muita ponderação, e com os olhos bem abertos, mormente em caso tão importante e em negócio tão sublime como é o destas almas, onde se aventura um ganho quase infinito em acertar, e uma perda quase infinita em errar.

57. Se, porém, quiseres dizer que tens alguma escusa, embora eu não a veja, ao menos não poderás achar que é digno de desculpa o diretor de uma alma que, guiando-a, jamais a deixa sair de sua direção, seja mesmo pelos vãos motivos e razões que acha justos, mas que não hão

de ficar sem castigo. Essa alma, para ir adiante, e progredir no caminho espiritual, contando sempre com a ajuda de Deus, decerto há de mudar em seu modo e estilo de oração, e terá necessidade de outra mais elevada doutrina e espírito do que este diretor lhe ensinou até então; porque nem todos têm ciência para todos os casos e dificuldades que há no caminho espiritual; não é concedido a todos espírito tão cabal que lhes dê a conhecer como deve ser levada e dirigida a alma em qualquer estado da vida espiritual. Pelo menos, não pense o diretor que possui dom para tudo, nem julgue que Deus quer deixar de levar mais adiante aquela alma. Não basta que alguém saiba desbastar a madeira, para saber também entalhar a imagem; nem aquele que sabe entalhar saberá esculpir e polir; o que sabe polir não saberá pintar; e qualquer um que saiba pintar não saberá dar à imagem a última demão e perfeição. De fato, cada um destes artistas não poderá trabalhar na imagem além daquilo que sabe, e se quiser passar adiante será para estragá-la.

58. Vejamos agora, ó guia espiritual, se és apenas desbastador, isto é, capaz de pôr a alma no desprezo do mundo e mortificação de seus apetites, ou se és, quando muito, entalhador, com o ofício de iniciá-la em santas meditações, e não sabes mais do que isto, como poderás levar esta alma até à última perfeição da mais delicada pintura, cujo trabalho não consiste mais em desbastar ou entalhar, nem mesmo em dar-lhe certo perfil, mas é agora obra que só Deus pode realizar na alma? E assim, se a tua doutrina, sendo sempre a mesma, mantém essa

alma sempre atada, claro está que há de fazer com que ela volte atrás, ou, ao menos, não vá para diante. Rogo que me digas, com efeito, em que estado há de ficar a imagem, quando continuamente a queres martelar e desbastar, isto é, deixá-la sempre no exercício das potências? Quando se concluirá a imagem? Como, ou quando se há de deixar que Deus mesmo a pinte? Será possível que tenhas capacidade para todos esses ofícios, e que te julgues tão consumado, para a alma não ter necessidade senão de ti?

59. Mesmo no caso de teres essa capacidade para alguma alma, porque talvez não lhe seja dado talento para ir mais adiante, é quase impossível que o tenhas para todas aquelas que não deixas sair de tuas mãos. A cada uma leva Deus por caminho diferente; apenas se achará um espírito que seja semelhante a outro, sequer na metade do seu modo de caminhar. E quem haverá como São Paulo, que tenha a graça de fazer-se tudo a todos para ganhar a todos? E tu, de tal maneira tiranizas as almas, e de tal sorte lhes tiras a liberdade, adjudicando para ti a amplidão da doutrina evangélica, que não somente empenhas para que elas não te deixem, mas ainda fazes pior: porque se acaso chegas a saber que alguma dessas almas foi tratar alguma coisa com outro diretor, que porventura não lhe seria conveniente tratar contigo, ou a levaria Deus a fazer assim para aprender daquele outro o que não lhe ensinaste, procedes então com ela – e com que vergonha o digo! – como costumam fazer as pessoas casadas em suas contendas de ciúmes. E não

penses que são zelos da honra de Deus ou do proveito daquela alma, pois não convém presumires que deixando a ti para consultar outro, faltou a Deus; mas estes ciúmes provêm de tua soberba e presunção, ou de outro motivo imperfeito de tua parte.

60. Muito indignado se mostra Deus contra tais guias de espírito, e lhes promete castigo por Ezequiel, dizendo: "Bebíeis o leite de meu rebanho, e vos cobríeis com sua lã, e não apascentáveis meu rebanho; tomarei contas, diz ele, do meu rebanho que está em vossa mão" (Ez 34,3).

61. Os mestres espirituais devem, pois, dar liberdade às almas. Estão obrigados a fazer-lhes boa cara quando elas quiserem buscar seu progresso; não sabem, com efeito, os meios que Deus empregará para adiantar aquela alma; mormente quando ela já não se sente bem com a sua direção, sinal certo de que não está mais aproveitando, seja porque Deus a quer levar adiante, seja porque deva agora seguir outro caminho diverso daquele por onde a conduz o diretor, ou ainda por ter este mudado sua maneira de dirigir. Os próprios diretores hão de aconselhar isto; tudo o mais nasce de louca soberba e presunção, ou de alguma outra pretensão.

62. Deixemos, porém, agora este modo de proceder, e tratemos de outro mais pernicioso, adotado por esses diretores, e ainda de outros piores de que usam. Por vezes está Deus ungindo algumas almas com unguentos de santos desejos e motivos de abandonar o mundo e pensam em mudar sua maneira e estado de vida, para servir a Deus, no desprezo do século; e muito se preza

Ele de haver conseguido levar as almas até este ponto, pois as máximas do século não estão de acordo com a sua vontade. Eis que os tais diretores, por motivos e respeitos humanos muito contrários à doutrina de Cristo e a sua humildade e desprezo de todas as coisas, buscam seu próprio interesse, ou gosto, ou ainda se enchem de temores onde não há que temer. E, assim, dificultam ou retardam às almas a realização desses bons desejos, e, o que é pior, procuram tirar-lhos do coração. Têm eles o espírito pouco devoto, e todo imbuído das máximas do mundo, e, consequentemente, pouco conformado a Cristo; e como não entram pela porta estreita que conduz à vida, assim também não deixam entrar os outros. A estes ameaça nosso Salvador por São Lucas, dizendo: "Ai de vós! que tomastes a chave da ciência, e não entrais nem deixais entrar os outros!" (Lc 11,52). Na verdade, tais guias estão postos como barreira e pedra de tropeço na entrada da porta do céu, impedindo o acesso àqueles mesmos que lhes pedem conselho; e, contudo, estão bem cientes de que Deus lhes manda não só que deixem entrar as almas e as ajudem nisso, mas que cheguem até a compeli-las, segundo as palavras do Evangelho de São Lucas: "Obriga-os e compele-os a entrar, para que a minha casa se encha de convidados" (Lc 14,23). Eles, ao contrário, estão compelindo as almas a que não entrem. Com este modo de agir, o diretor é um cego que pode perturbar a vida da alma, a qual consiste no Espírito Santo. Acontece isto com os guias espirituais, de muitos outros modos além dos referidos aqui, às vezes sabendo eles o que fazem, e outras por ignorância. Tanto uns como outros, porém, não ficarão sem castigo; pois, sendo este o seu ofício, estão obrigados a saber e olhar o que fazem.

63. O segundo cego que poderia empatar a alma, neste gênero de recolhimento, é, como dissemos, o demônio, o qual, por ser cego, quer que também o seja a alma. Nestas altíssimas solidões em que se infundem as unções delicadas do Espírito Santo, tem ele grande pesar e inveja, vendo que a alma não somente é enriquecida, mas lhe foge em alto voo, deixando-o sem poder mais apanhá-la. E estando a alma solitária, despida e apartada de toda criatura ou rastro de criatura, procura o demônio introduzir neste alheamento alguns véus de conhecimentos e névoas de gostos sensíveis, por vezes até bons, para nutrir mais a alma e fazê-la assim voltar aos conhecimentos distintos e à obra do sentido. Leva-a então a reparar naqueles gostos e conhecimentos bons que lhe apresenta, e a induz a acolhê-los, a fim de chegar-se a Deus apoiada neles. Com isto, muito facilmente distrai a alma, tirando-a daquela solidão e recolhimento em que, conforme temos dito, o Espírito Santo está realizando seus portentos secretos. E como a alma por si mesma é inclinada a sentir e provar, mormente quando anda atrás de gostos, e não compreende o caminho que segue, com grande facilidade também se apega àqueles conhecimentos e sabores apresentados pelo demônio, e se retira da solidão em que Deus a havia posto. Efetivamente, naquela solidão e quietude das potências, a alma

nada fazia, e como vê agora que pode fazer alguma coisa, julga ser isto melhor. Motivo é aqui de grande lástima o não entender-se a alma! Pois para comer um bocadinho de conhecimento particular, ou alimentar-se com algum gostinho, perde a ocasião de que Deus a coma toda, pois não é outra coisa o que Ele faz naquela solidão em que a põe, e onde a absorve em si mesmo, mediante solitárias unções espirituais.

64. Deste modo, por um pouco mais do que nada, causa o demônio gravíssimos prejuízos, fazendo a alma perder grandes riquezas, tirando-a com um pedacinho de isca, como ao peixe, do pélago das águas límpidas do espírito onde se achava ela engolfada e submergida em Deus sem achar pé nem arrimo. Puxa-a para a margem, oferecendo-lhe apoio e arrimo para que tome pé e ande com seus passos na terra com trabalho, e já não possa nadar nas águas de Siloé que correm em silêncio, banhada nas unções de Deus. O demônio faz tanto caso disso, que é motivo de admiração: sendo para ele de maior vantagem prejudicar um pouco a uma alma neste estado do que prejudicar muito a uma multidão de outras almas, como dissemos. Dificilmente se achará uma só que vá por este caminho sem que ele lhe ocasione grandes prejuízos, fazendo-a sofrer grandes perdas; porque este maligno se coloca com muita astúcia na passagem que vai do sentido ao espírito, e procura enganar e cevar as almas mediante o mesmo sentido; interpõe coisas sensíveis à alma, sem que ela julgue haver ali prejuízo; por esta razão deixa ela de entrar no interior onde está o Esposo, e

queda-se à porta para ver o que se passa do lado de fora, na parte sensível. O demônio vê tudo quanto é elevado, assim afirma Jó (Jó 41,25), isto é, conhece a altitude espiritual das almas, para combatê-la. Daí, quando, porventura, acontece a uma alma entrar em elevado recolhimento, não podendo o inimigo distraí-la, pelos meios já referidos, ao menos procura fazê-lo com terrores, medos e dores corporais; serve-se de ruídos exteriores e sensíveis, forcejando por trazê-la a ocupar-se com o sentido, a fim de arrancar e divertir a alma para fora daquele recolhimento interior, até que, não conseguindo, finalmente a deixa. É com grande facilidade, todavia, que consegue o demônio estorvar e estragar as riquezas dessas preciosas almas; e assim, embora considere bem mais importante isso do que derrubar muitas outras, não acha muito tudo quanto faz, pois o sucesso lhe é fácil e custa pouco. A este propósito podemos compreender o que do inimigo disse Jó a Deus: "Absorverá um rio e não se admirará, e tem confiança de que o Jordão cairá em sua boca" (Jó 40,18), o que se aplica, em nosso caso, ao mais alto grau de perfeição. – "Em seus próprios olhos o caçará como com um anzol, e lhe perfurará as narinas com sovelas" (Jó 40,19). Significa isso que, ferindo a alma com a ponta dos conhecimentos, distrair-lhe-á o espírito, porque o ar que sai comprimido pelas narinas espalha-se por muitas partes se elas estão perfuradas. E adiante acrescenta: "Debaixo dele estarão os raios do sol, e derramará o ouro debaixo de si como lodo" (Jó 41,21). Por estas palavras se dá a entender que o demônio faz perder admiráveis raios de divinos conhecimentos às almas esclarecidas, tirando e derramando por terra o ouro precioso dos esmaltes divinos de que estavam enriquecidas.

65. Eia, pois, almas! Quando Deus vos fizer tão soberanas mercês, e vos levar por esse estado de solidão e recolhimento, apartando-vos do vosso trabalhoso sentir, não volteis ao sentido. Largai vossas atividades naturais; se anteriormente, quando éreis principiantes, elas vos ajudavam na renúncia ao mundo e a vós mesmas, agora, quando Deus vos faz mercê de ser Ele mesmo o artífice, tornar-se-ão grave obstáculo e embaraço. Tende apenas o cuidado de não ocupar vossas potências em coisa alguma, desapegando-as e desimpedindo-as de tudo; é só isto que vos compete neste estado, juntamente com a atenção amorosa, simples, de que falei acima; e até nesta atenção deveis empregar-vos do modo que ficou dito, isto é, quando vos sentirdes atraídas a tê-la; porque não convém forçar de modo algum a alma, a não ser para desprendê-la e libertá-la de tudo, a fim de não a perturbar, nem alterar a paz interior; então, ao ver-vos assim desimpedidas, Deus vos alimentará com uma refeição celestial.

66. O terceiro cego é a própria alma. Não se entendendo a si mesma, como dissemos, perturba-se e prejudica-se. Como não sabe agir senão mediante o sentido e com o discurso do entendimento, quando Deus a quer pôr naquele vazio e soledade onde não pode usar das potências ou fazer atos distintos, vendo ela que nada faz, procura agir. Consequentemente, vem a distrair-se,

ficando árida e descontente. No entanto, estava gozando, naquela ociosidade, da paz e silêncio espiritual em que Deus secretamente a estava pondo. Acontece até estar Deus porfiando para manter a alma naquela silenciosa quietação, e a alma de sua parte também porfiando para querer agir por si mesma com a imaginação e com o entendimento. Nisto procede como um menino que a mãe quisesse carregar nos braços, e fosse gritando e esperneando para andar com seus pés, e assim, nem anda ele, nem deixa andar a mãe; ou como a imagem em que um pintor trabalhasse, e alguém se pusesse a movimentá-la; não poderia ser pintada, ou, então, ficaria borrada.

67. É preciso que a alma advirta que, nesta quietude, embora não se sinta caminhar ou fazer qualquer coisa, adianta-se muito mais do que se andasse com seus pés, pois Deus a leva em seus braços; e, assim, está caminhando ao passo de Deus, mesmo sem o sentir. E conquanto não trabalhe com as potências, trabalha muito mais do que com elas, porque é Deus quem age. Não é maravilha que o deixe de perceber a alma, pois o que Deus nela faz então, o sentido não pode alcançar, porque ele age em silêncio; e, como diz o Sábio, as palavras da Sabedoria se ouvem em silêncio (Ecl 9,17). Abandone-se a alma nas mãos de Deus, e não queira ficar em suas próprias mãos nem nas desses dois cegos; fazendo assim, e não ocupando em algo as potências, irá segura.

68. Voltemos agora ao nosso assunto, tratando das profundas cavernas das potências da alma. Dizíamos que

o sofrimento da alma costuma ser grande, no tempo em que Deus a anda ungindo e dispondo com os mais subidos unguentos do Espírito Santo, para uni-la consigo. Tais unguentos são já tão sutis e de tão delicada unção, que penetram na profundidade da íntima substância da alma, dispondo-a e deliciando-a; e assim é sem limites o que ela padece, desfalecendo em desejo e com o vazio imenso dessas cavernas. Daí podemos concluir: se os unguentos que dispõem as cavernas da alma para a união do matrimônio espiritual com Deus são tão elevados como os descrevemos, qual não será a posse, de conhecimento, amor e glória, concedida ao entendimento, memória e vontade, quando a alma chega à referida união com Deus? Por certo conforme a sede e fome dessas cavernas, será também a satisfação, fartura e deleite de que hão de gozar; e em proporção à delicadeza das disposições será o primor da posse da alma bem como a fruição do seu sentido.

69. Pelo sentido da alma compreende-se aqui a virtude e força que possui a substância íntima da mesma alma para saborear e sentir os objetos das potências espirituais, com as quais goza da sabedoria, do amor e da comunicação de Deus. Por isto, estas três potências – memória, entendimento e vontade – são denominadas pela alma, neste verso, profundas cavernas dos sentidos: porque mediante elas e nelas, sente e goza profundamente as grandezas da sabedoria e excelência de Deus. Pelo que, mui propriamente, lhes dá o nome de cavernas profundas; com efeito, percebe que podem conter os profundos conhecimentos e resplendores das lâmpadas de fogo, e,

consequentemente, conhece que têm tanta capacidade e tantas cavidades quantas são as coisas distintas que lhes são dadas, seja inteligências ou sabores, gozos ou deleites, de Deus. Todas estas graças são recebidas e firmadas neste sentido da alma, o qual, como digo, é a virtude e capacidade que ela tem para poder sentir, possuir e saborear tudo quanto lhe é proporcionado pelas cavernas das potências. Assim como os sentidos corporais concentram no sentido comum da imaginação todas as imagens de seus objetos, tornando-se este o receptáculo e arquivo de todas as imagens, assim o sentido comum da alma por sua vez se torna receptáculo e arquivo das grandezas de Deus; tanto mais rico e iluminado fica quanto maiores e mais sublimes são os bens que possui.

Que estava obscuro e cego

70. Assim estava, convém notar, antes que Deus o esclarecesse e iluminasse, como dissemos. Para compreender isto é necessário saber que por dois motivos o sentido da vista pode deixar de ver: ou por achar-se às escuras, ou por estar cego. Deus é a luz e objeto da alma; se esta luz não a ilumina fica a alma às escuras mesmo que tenha a melhor vista. Quando está em pecado, ou quando ocupa o apetite em outras coisas fora de Deus, então está cega; e neste caso, por mais que dardeje sobre ela a luz divina, por estar cega, não a vê a obscuridade da alma, isto é, sua ignorância, pois até que Deus a ilumine no estado de transformação, permanece obscura e ignorante quanto aos imensos bene-

fícios de Deus. Assim estava o Sábio antes que a Sabedoria o iluminasse, conforme diz: "Iluminou minhas ignorâncias" (Eclo 51,26).

71. Espiritualmente falando, uma coisa é estar no escuro e outra estar em trevas; porque estar em trevas é o mesmo que estar cego, em pecado, como dissemos. Estar às escuras, porém, é possível sem estar em pecado, e pode ser de duas maneiras: acerca das coisas naturais, não tendo luz sobre algumas delas, ou acerca das coisas sobrenaturais, faltando a luz sobre certas verdades sobrenaturais. A alma diz agora que o seu sentido estava às escuras quanto aos dois modos referidos, antes de chegar a esta preciosa união. Até dizer o Senhor: *fiat lux,* estavam as trevas sobre a face do abismo dessa caverna do sentido da alma; este abismo do sentido, quanto mais profundo é, e quanto mais profundas e insondáveis são as suas cavernas, tanto mais profundas são também as trevas em que se acha a respeito do sobrenatural, quando Deus, que é sua luz, não o ilumina. Assim lhe é impossível alçar os olhos à divina luz, ou admiti-la em seu pensamento, porque, não tendo visto essa luz, não sabe como ela é. Logo não poderá desejá-la; ao contrário, todo o seu desejo é pelas trevas, pois sabe por experiência o que elas são, e poderá ir de uma treva à outra, sendo guiado pela mesma treva; com efeito, uma treva não pode conduzir senão à outra. É como diz Davi: "O dia conduz ao dia, e a noite ensina a ciência à noite" (Sl 18,3). Destarte, um abismo atrai outro abismo, isto é, um abismo de luz chama outro abismo de luz, e um abismo de trevas ou-

tro abismo de trevas, atraindo cada semelhante ao seu, e comunicando-se entre si os semelhantes. Assim, a luz da graça, dada anteriormente por Deus a esta alma, e que já iluminara os olhos do abismo que é o espírito, abrindo-o à divina luz, e tornando desde então a alma agradável a Ele, chamou outro abismo de graça que é esta transformação divina da alma em Deus. Por efeito de tal transformação, fica tão ilustrado e agradável a Deus o olhar do sentido, que, podemos dizer, a luz de Deus e a da alma se identificam numa só, pois a luz natural da alma se une com a luz sobrenatural de Deus, brilhando já unicamente esta última; assim a luz criada anteriormente por Deus se uniu à luz do sol, e agora brilha apenas esta sem faltar a outra.

72. O sentido da alma estava cego também, quando se ocupava em outras coisas; porque a cegueira da parte superior e racional é o apetite, que como catarata e névoa se interpõe e coloca no olhar da razão, a fim de não lhe permitir a visão dos objetos que se acham diante dela. E propondo ao sentido qualquer gosto, tornava-o cego para a vista das grandes riquezas e formosura divina, ocultas sob a catarata. De fato, basta pôr alguma venda sobre os olhos, mesmo que seja mínima, para impedir-lhe a vista de outros objetos presentes, por maiores que estes sejam; do mesmo modo, é suficiente um leve apetite ou uma ação inútil da alma, para impedir-lhe todas as grandezas divinas que se acham além dos gostos e inclinações preferidos então por ela.

73. Oh! Quem pudera dizer aqui o quanto é impossível a uma alma, que conserva seus apetites, julgar as coisas de Deus como elas são! Na verdade, para julgar as coisas de Deus, é necessário lançar fora todo gosto e apetite, e não as julgar por eles, sob pena de vir infalivelmente a considerar essas coisas divinas como não sendo de Deus, e as que não são de Deus, como se o fossem. Enquanto permanece sobre o olho do juízo aquela catarata e nuvem do apetite, não vê ele senão a catarata, ora de uma cor, ora de outra, conforme as aparências que se manifestam; e a alma pensa que aquilo é Deus, pois, como digo, não vê mais do que aquela catarata que se interpõe no sentido; Deus, porém, não pode caber no sentido. Deste modo, o apetite e gostos sensíveis impedem o conhecimento das verdades mais elevadas. Bem o dá a entender o Sábio nestas palavras: "O engano da vaidade obscurece os bens, e a inconstância da concupiscência transtorna o sentido sem malícia" (Sb 4,12), isto é, o reto juízo.

74. Eis a razão pela qual as pessoas que ainda não chegaram a ser muito espirituais, por não estarem purificadas em seus apetites e gostos, e ainda se inclinarem a eles, levadas por algo do homem animal, acreditam que as coisas mais vis e baixas para o espírito, que são as mais próximas do sentido – pelo qual elas ainda vivem – merecerão maior apreço; e, ao contrário, as de maior valor e elevação para o espírito, que são as mais remotas do sentido, terão em pouca conta, e não as estimarão, reputando-as até por loucura, segundo afirma São Paulo

quando diz: "O homem animal não percebe as coisas de Deus; são para ele loucura, e não as pode entender" (1Cor 2,14). Por homem animal é aqui designado quem ainda vive entregue aos seus apetites e gostos naturais; pois mesmo no caso de os gostos derivarem do espírito para o sentido, se o homem quiser apegar-se a eles com seu apetite natural, tornam-se não mais do que naturais. Pouco importa que o objeto ou motivo seja sobrenatural. Se o apetite por ele for natural e tiver aí sua origem e força, não passará então de apetite natural; pois tem a mesma substância e natureza que teria se fosse acerca de motivo ou objeto natural.

75. Dir-me-ás: daí se segue que ao apetecer a alma a Deus, não o deseja sobrenaturalmente, e assim aquele desejo não é meritório diante de Deus. Respondo: na verdade, o desejo que a alma tem de Deus nem sempre é sobrenatural; só o é quando infundido pelo próprio Deus, que produz então a força de tal apetite e este é muito diferente do desejo natural; e enquanto Deus não o infunde, muito pouca coisa ou nada merece a alma. Quando, de tua parte, queres ter apetite de Deus, é apenas um desejo natural; não chegará a ser mais até que Deus queira inspirá-lo sobrenaturalmente. Quando, pois, por teu próprio movimento, queres apegar o apetite às coisas espirituais, e procuras prender-te ao sabor que elas têm, exercitas só o teu natural apetite; então, estás pondo cataratas nos olhos e és homem animal. Consequentemente não poderás entender, e muito menos julgar, o que é espiritual, situado além de todo sentido e apetite natural. Se ainda tens ou-

tras dúvidas, não sei o que te diga, senão que tornes a ler o que está escrito aqui, e porventura entenderás; pois já está explicada a substância da verdade, e não é possível alongar-me em mais explicações.

76. O sentido da alma, pois, o qual estava antes obscuro sem esta divina luz de Deus, e cego, por causa de seus apetites e afeições, agora se acha não só iluminado e resplandecente com suas cavernas profundas mediante esta divina união com Deus, mas, além disso, transformado, com as cavernas de suas potências, numa luz resplandecente.

Com estranhos primores
Calor e luz dão junto a seu Querido

77. Estão estas cavernas das potências, como dissemos, já tão deslumbrantes e tão maravilhosamente penetradas pelos admiráveis resplendores daquelas lâmpadas que nelas ardem, que, além da entrega feita de si mesmas, enviam a Deus em Deus esses mesmos resplendores recebidos com amor e glória. Inclinam-se para Deus em Deus, quais lâmpadas acesas e inflamadas nos resplendores das lâmpadas divinas, dando ao Amado aquela mesma luz e calor de amor que recebem. Com efeito, neste estado, na proporção em que recebem, dão a quem lhes dá, e com os mesmos primores com que o próprio Deus lhes envia seus dons. Tornam-se como o vidro que fica todo resplandecente quando nele reverbera o sol; todavia, isto se realiza na alma de modo bem mais sublime, pela intervenção do exercício da vontade.

78. Com estranhos primores, isto é, estranhos e alheios a tudo quanto se pode ordinariamente pensar, bem como a todo encarecimento, e a todos os modos e maneiras. De fato, na medida do primor com que o entendimento recebe a sabedoria divina, tornando-se um com Deus, assim também é o primor com que retribui o dom de Deus; pois não pode retribuir senão do mesmo modo com que recebe. Conforme o primor da vontade unida à bondade divina, retribui a alma a Deus em Deus essa mesma bondade, porque não recebe senão para dar. Semelhantemente segundo o primor com que conhece a grandeza de Deus, à qual se une, resplandece e irradia calor de amor; e assim por diante, nos demais atributos divinos que Deus comunica à alma neste estado, como sejam fortaleza, formosura, justiça etc., os mesmos primores deles recebidos são os que o sentido, em seu gozo, está dando a seu Querido em seu Querido, isto é, essa mesma luz e calor que está recebendo de seu Amado. Está a alma, neste tempo, feita uma só coisa com Ele, e, portanto, de certo modo, torna-se Deus por participação; e embora não ainda tão perfeitamente como na outra vida, é, segundo dissemos, como uma sombra de Deus. Dessa maneira, sendo ela como sombra de Deus, por meio desta substancial transformação, age em Deus por Deus do mesmo modo que Ele age nela por si próprio, e de modo idêntico ao seu, porque a vontade dos dois é uma só, e assim a operação de Deus e a dela é somente uma. Logo, na medida em que Deus a ela se dá, com livre e graciosa vontade, tendo a mesma alma

também a vontade tanto mais livre e generosa quanto mais unida a Ele, faz o dom de Deus ao mesmo Deus em Deus, e esta dádiva da alma a Deus é total e verdadeira. Conhece então que Deus verdadeiramente é todo seu, e que ela o possui como herança, com direito de propriedade, como filha adotiva de Deus pela graça concedida por Ele, ao dar-se a si mesmo a ela; vê que, como coisa própria sua, o pode dar e comunicar a quem quiser, por sua livre vontade. E, assim, a alma o dá a seu Querido, que é o mesmo Deus que a ela se deu; e, nisto, paga a Deus tudo quanto lhe deve, pois voluntariamente lhe dá tanto quanto dele recebe.

79. Por ser esta dádiva da alma a Deus o próprio Espírito Santo, que ela lhe dá como coisa sua, numa entrega voluntária para que Ele se ame no mesmo Espírito Santo como merece –, a alma sente inestimável deleite e fruição, pois vê que pode ofertar a Deus, como coisa própria, um dom proporcionado ao Seu infinito ser. A alma, é certo, não pode dar Deus outra vez a Deus, porque Ele em si é sempre o mesmo; contudo, de sua parte, assim o faz, com toda a perfeição e realidade, quando dá a Deus tudo o que Ele lhe havia dado em paga de amor, e isto consiste em dar tanto quanto recebe. Deus fica pago com aquela dádiva da alma e, a não ser com isto, não se daria por pago. Recebe Ele agradecido esse dom que lhe faz a alma daquilo que a ela pertence; e nessa mesma dádiva, a alma ama a Deus com um novo amor de retribuição. Forma-se, deste modo, entre Deus e a alma um amor recíproco, como na união e entrega do

matrimônio em que os bens são comuns a ambos. Esses bens consistem na divina essência, e cada um os possui livremente em razão da entrega voluntária de um ao outro, possuindo-os ao mesmo tempo conjuntamente, e assim podem dizer um ao outro o que o Filho de Deus disse ao Pai no Evangelho de São João: "Todos os meus bens são teus, e os teus bens são meus, e eu sou glorificado neles" (Jo 17,10). Realiza-se isto na outra vida em fruição perfeita, sem intermissão; todavia acontece por vezes aqui na terra, neste estado de união, quando Deus opera na alma o ato de transformá-la nele, embora não se efetue com a mesma perfeição da eternidade. Que a alma possa fazer tal dom, embora o valor intrínseco ultrapasse seu próprio ser e capacidade, é evidente; tanto como um soberano que possui muitos reinos e povos sob o seu domínio, embora sejam de muito maior importância do que ele, tem poder para os doar a quem quiser.

80. Aqui está a grande satisfação e alegria da alma: ver que dá a Deus mais do que ela própria é e vale em si mesma, e que o faz com aquela luz divina e calor divino que recebe de Deus. Esta igualdade de amor se realiza na vida eterna mediante a luz da glória; e aqui na terra, pela fé já muito esclarecida. Assim, as profundas cavernas do sentido, com estranhos primores, calor e luz dão junto a seu Querido. Junto, diz a alma, porque conjuntamente se comunicam a ela o Pai e o Filho e o Espírito Santo, que nela são luz e fogo de amor.

81. A respeito dos primores com que a alma faz esta entrega, notemos aqui brevemente como seja. Para isto,

havemos de advertir que, gozando aqui a alma certa imagem de fruição celeste – a qual provém da união do entendimento e do afeto com Deus –, inundada de deleite, e cheia de reconhecimento por tão grande mercê, realiza essa entrega de si a Deus e de Deus a Ele mesmo, de maravilhosas maneiras. No exercício do amor, procede a alma para com Deus com estranhos primores, agindo de maneira idêntica no rastro de fruição que experimenta e no louvor que a Ele dá, e também quanto ao agradecimento.

82. Quanto ao amor, tem ele três primores principais: o primeiro é amar a Deus não por si mesma, mas por Ele só. Aí se encerra uma perfeição admirável, porque ama pelo Espírito Santo, como o Pai e o Filho se amam, conforme diz o próprio Filho por São João: "O amor com que me amaste esteja neles e eu neles" (Jo 17,26). O segundo primor é amar a Deus em Deus. De fato, nesta veemente união, a alma se absorve no amor de Deus, e Ele, por sua vez, com grande veemência se entrega à alma. O terceiro e principal primor de amor é amar a alma a Deus, nesta transformação, por ser Ele quem é; não o ama, com efeito, pela generosidade, bondade e glória com que Deus se comunica a ela, mas o ama de modo muito mais forte, porque Deus em si mesmo contém essencialmente todos esses atributos.

83. Quanto à maravilhosa imagem da fruição celeste, tem outros três primores maravilhosos e importantes. Primeiro, a alma goza de Deus por Ele mesmo; pois,

unindo o seu entendimento à onipotência, sabedoria, bondade e mais atributos divinos, deleita-se extraordinariamente em todos eles por um conhecimento distinto de cada um, conforme já explicamos, embora não goze ainda de modo tão claro como será na outra vida. O segundo e principal primor desta deleitação é que a alma toma suas delícias em Deus só, em perfeita ordem, sem mescla de criatura alguma. O terceiro primor consiste em gozar a alma de Deus unicamente por ser Ele quem é, sem mistura de satisfação pessoal.

84. Quanto ao louvor que a alma dá a Deus nesta união, há também outros três primores particulares. O primeiro é louvá-lo para cumprir seu dever, pois bem conhece a alma que Deus a criou para que o louvasse, como declara Isaías ao dizer: "Este povo formei para mim; cantará meus louvores" (Is 43,21). O segundo primor do louvor da alma a Deus é que o faz pelos bens recebidos e pela alegria de louvá-lo. O terceiro primor consiste em louvar a Deus pelo que Ele é em si; e ainda que a alma não sentisse alegria alguma, louvaria sempre a Deus por ser Ele quem é.

85. Quanto ao agradecimento, há outros três primores. O primeiro consiste em agradecer os dotes naturais e espirituais, e todos os benefícios recebidos. O segundo é o imenso deleite com que a alma dá graças a Deus, pois com grande veemência se absorve nesse louvor. O terceiro primor está em o louvar unicamente pelo que Ele é; e este louvor se torna assim muito mais forte e deleitável.

Canção IV

Quão manso e amoroso
Despertas em meu seio
Onde tu só secretamente moras;
Nesse aspirar gostoso,
De bens e glória cheio,
Quão delicadamente me enamoras!

Explicação

1. Volta-se aqui a alma para seu Esposo com muito amor, manifestando-lhe seu apreço e agradecimento por duas mercês admiráveis que Ele algumas vezes nela produz mediante esta união. Refere também a maneira com que o Esposo age num e noutro caso, e a consequência que então nela resulta.

2. O primeiro efeito é um despertar de Deus na alma, e o modo pelo qual se realiza é todo de mansidão e amor. O segundo efeito é uma aspiração de Deus na alma, e o modo como se manifesta consiste em comunicar-lhe bens e glória nessa mesma aspiração. E a consequência disso é enamorá-la com ternura e delicadeza.

3. Vem a ser como se a alma dissesse: Ó Verbo Esposo meu! Quando despertas no centro e fundo de minha alma, isto é, na sua mais pura e íntima substância onde moras sozinho, escondido e silencioso, como único Senhor – e não só como em tua casa, ou em teu mesmo leito, mas como em meu próprio seio, na mais estreita e íntima união –, oh! quão manso e amoroso te manifestas! Sim, com grande mansidão e amor! e na deliciosa aspiração que me comunicas nesse teu depertar, tão saborosa

para mim, pela plenitude de bem e glória que encerra, com que imensa delicadeza me enamoras e afeiçoas a ti! Nisto se assemelha a alma a alguém que, ao despertar de um sono, respira. Na verdade, assim o experimenta ela aqui. Segue-se o verso:

> **Quão manso e amoroso**
> **Despertas em meu seio**

4. São muitas as maneiras deste despertar de Deus na alma; tantas que, se nos puséssemos a enumerá-las, jamais acabaríamos. Este de agora, porém, que a alma quer exprimir como sendo feito pelo Filho de Deus, é, a meu parecer, dos mais sublimes e de maior proveito para ela; porque consiste num movimento do próprio Verbo na substância da alma, com tanta grandeza, majestade e glória, e de tão íntima suavidade, que ela sente como se todos os bálsamos e espécies aromáticas e todas as flores do universo fossem revolvidos e agitados, combinando-se para exalar seus mais suaves perfumes. Parece-lhe também que se movimentam todos os reinos e senhorios do mundo, juntamente com as potestades e virtudes do céu. Não somente isto, mas ainda todas as virtudes e substâncias, perfeições e graças, encerradas nas coisas criadas, reluzem e se põem, por sua vez, em movimento uníssono e simultâneo. Porquanto todas as coisas, como nos diz São João, são vivas no Verbo de Deus (Jo 1,3-4), e o apóstolo São Paulo afirma, de sua parte, que em Deus elas têm vida, movimento e ser (At 17,28). Daí, ao mover-se no íntimo da alma este altíssimo Im-

perador, o qual, segundo a palavra de Isaías (Is 9,6), traz sobre o ombro o seu principado, isto é, as três máquinas, celeste, terrestre e infernal, com tudo o que nelas há, sustentando-as todas com o verbo de sua virtude, como diz São Paulo (Hb 1,3), consequentemente todas as coisas criadas parecem mover-se ao mesmo tempo que Ele. Acontece de modo semelhante ao que se dá com a terra cujo movimento arrasta consigo todas as coisas materiais a se moverem também, como se nada fossem. Assim é quando se move este Príncipe, trazendo consigo a sua corte, e não esta a Ele.

5. Bastante imprópria é ainda esta comparação; porque não somente todos os seres criados parecem movimentar-se, mas também desvendam à alma as belezas próprias de cada um deles, bem como suas virtudes, encantos e graças, e a raiz de sua duração e vida. De fato, a alma ali verifica como todas as criaturas superiores e inferiores têm em Deus sua vida, força e duração; vê claramente o que o Senhor diz no livro dos Provérbios: "Por mim reinam os reis, por mim imperam os príncipes, e os poderosos exercitam a justiça e a compreendem" (Pr 8,15-16). E embora seja certo perceber a alma que todas essas coisas são distintas de Deus, enquanto têm nele seu ser de criaturas, e também veja que em Deus elas têm sua força, raiz e vigor, todavia, é tão grande o conhecimento de que Deus contém eminentemente em seu ser infinito todas essas coisas, que ela as conhece melhor no ser de Deus do que nelas mesmas. Eis aí o grande deleite deste despertar: conhecer as criaturas por Deus,

e não a Deus pelas criaturas; isto é, conhecer os efeitos pela causa, e não a causa pelos efeitos, o que seria conhecimento secundário, enquanto o primeiro é essencial.

6. Maravilhoso é este movimento na alma, sendo Deus imutável; porque embora Deus realmente não se mova, parece à alma que na verdade se move. Sendo ela renovada e movida por Deus, para que perceba esta vista sobrenatural, e sendo-lhe manifestada de modo tão novo aquela vida divina, na qual se encerra o ser e a harmonia de todas as criaturas, com seus movimentos em Deus, por isto lhe parece ser Deus quem se move, tomando então a causa o nome do efeito que produz. Segundo tal efeito, podemos dizer que Deus se move, como afirmam as palavras do Sábio: "A sabedoria é mais móvel do que todas as coisas móveis" (Sb 7,24). E assim é, não porque ela se mova, mas por ser o princípio e raiz de todo movimento; e, permanecendo em si mesma imóvel, como adiante dissemos, renova todas as coisas. Significam, portanto, essas palavras que a sabedoria é mais ativa do que todas as coisas ativas. Por esta razão dizemos aqui que a alma, neste movimento, é movida e despertada do sono de sua natural percepção à vista sobrenatural. Por isso, com muito acerto dá a este efeito o nome de despertar.

7. Na verdade, sempre está Deus assim, conforme a alma o vê agora, movendo, regendo, dando ser e virtude, graças e dons, a todas as criaturas. Ele as tem em si de modo virtual, atual e substancial. E o que Deus é em si mesmo, e o que é nas suas criaturas, a alma o conhece numa só percepção, como se lhe fosse aberto um palá-

cio, e nele visse a eminência da pessoa que aí se acha, e ao mesmo tempo o que está fazendo. Assim, o que entendo quanto ao modo de produzir-se este despertar e esta vista da alma é o seguinte: estando ela em Deus substancialmente, como está toda criatura, tira-lhe Ele alguns dos muitos véus e cortinas que a alma tem diante de si a fim de que o possa ver como Ele é. Transparece, então, e dá-se a perceber algum tanto, embora obscuramente – porque não são tirados todos os véus – aquela sua face cheia de graças, a qual, como está movendo todas as coisas com a sua virtude, toma a semelhança daquilo que está fazendo, e parece mover-se Deus nas criaturas, e as criaturas em Deus, com movimento contínuo. Eis o motivo de se afigurar à alma que ele se moveu e despertou, quando de fato ela é que foi movida e despertada.

8. Tal é a baixeza de nossa condição nesta vida: do mesmo modo que somos, pensamos que também são os outros; e assim como estamos, julgamos aos demais; o nosso juízo provém de nós mesmos, e não de fora. Como, por exemplo, se dá com o ladrão: pensa ele que os outros também furtam. O luxurioso imagina que os demais também o são; o malicioso julga que os outros são igualmente maliciosos, porque forma o seu juízo por sua própria malícia. O bom, ao contrário, pensa bem dos demais, pois o seu juízo vem da bondade que tem no seu íntimo. Ao que é descuidado e vive dormindo, parece-lhe ver o mesmo nos outros. Daí sucede, quando estamos descuidados e sonolentos diante de Deus, o parecer a nós que é Ele quem está adormecido, e descuida-

do de nós, como se observa no Salmo 43 onde Davi diz a Deus: Levanta-te, Senhor, por que dormes? Levanta-te!" (Sl 43,23). A Deus é atribuído então o que havia nos homens, pois estando eles adormecidos e prostrados, pedem ao Senhor que se levante e desperte, quando na verdade jamais dorme aquele que guarda Israel (Sl 120,4).

9. É certo, todavia, quando todo o bem do homem procede de Deus, e ele nenhuma coisa boa pode fazer de si mesmo, – podermos verdadeiramente dizer que nosso despertar é despertar de Deus, e nosso levantar é levantar de Deus. Seria, pois, como se dissesse Davi: Levanta-nos duas vezes, e desperta-nos, porque estamos adormecidos e estendidos por terra de duas maneiras. E estando a alma adormecida em um sono do qual jamais pudera por si mesma despertar, sendo Deus o único que lhe pôde abrir os olhos e fazer esta ação de despertá-la, com muito acerto dá o nome de "despertar de Deus" ao que nela se realizou, dizendo: Despertas em meu seio. Desperta-nos, Senhor, e ilumina as nossas almas, a fim de reconhecermos e amarmos os bens que nos pões diante dos olhos, e então conheceremos que te moveste a fazer-nos tuas graças, e te lembraste de nós.

10. É de todo indizível o que a alma conhece e sente da grandeza de Deus neste despertar. Trata-se, com efeito, de uma comunicação da excelência de Deus à substância da alma, isto é, "no seu seio", como aqui ela refere; e assim, ressoa na alma com uma imensa força, como a voz de uma multidão de grandezas, e milhares de milhares de virtudes incontáveis de Deus. E a alma,

ali, imóvel, no meio delas, acha-se firme e terrível como um exército em ordem de batalha; e ao mesmo tempo se queda suavizada e agraciada com todas as suavidades e graças das criaturas.

11. Surge, porém, a dúvida: como pode suportar a alma tão forte comunicação na fraqueza da carne, se com efeito não tem capacidade e força para aguentar tanto sem desfalecer? A Rainha Ester, ao apresentar-se diante do Rei Assuero em seu trono com as vestes reais, resplandecentes de ouro e pedras preciosas, teve tão grande temor só ao vê-lo tão terrível em seu aspecto, que chegou a desfalecer; ela mesma o confessa dizendo que temeu à vista de tão grande glória, parecendo-lhe o rei como um anjo, com a face cheia de graças, e por isso desmaiou (Est 15,16); tanto é verdade que a glória esmaga o que a percebe quando não o glorifica. Quanto maior razão teria, pois, a alma de desfalecer agora, se não é apenas um anjo que vê, mas o próprio Deus, com sua face cheia de todas as graças que há nas criaturas, e com tremenda glória e majestade, na voz de uma multidão de grandezas? E, segundo a expressão de Jó, se temos ouvido com tanta dificuldade uma gota do que de Deus se pode dizer, quem poderá suportar a grandeza de seu trovão? (Jó 26,14). O mesmo Jó diz em outra parte: "Não quero que com muita fortaleza Ele se aproxime de mim e trate comigo, nem que me oprima com o peso de sua grandeza" (Jó 23,6).

12. A causa, porém, de a alma não desfalecer nem temer neste despertar tão cheio de poder e glória tem

dois fundamentos. Primeiro: porque achando-se em estado de perfeição como aqui se acha, e, em consequência disso, tendo já a parte inferior muito purificada e conformada à espiritual, não padece o detrimento e pena que nas comunicações espirituais costumam sentir o espírito e o sentido ainda não purificados e dispostos para recebê-las. Não é, todavia, suficiente esta razão para a alma não sentir detrimento diante de tanta grandeza e glória; pois mesmo estando muito purificado o natural, como a comunicação recebida o excede, sofreria por isto alguma perda, assim como um estímulo sensível demasiado prejudica a sensibilidade; é a este propósito que se aplicam as palavras de Jó citadas acima. O segundo fundamento, que mais vem ao caso, está nas palavras do primeiro verso no qual diz a alma que Deus se lhe manifesta com mansidão. Efetivamente, assim como Deus mostra sua grandeza e glória à alma, com o fim de regalá-la e engrandecê-la, assim também favorece-a, amparando-lhe o natural, para que não padeça detrimento. Revela ao espírito sua grandeza com brandura e amor, para poupar-lhe o natural; não sabe então a alma se aquilo se passa no corpo ou fora dele. É coisa bem possível àquele que com sua destra amparou Moisés para que pudesse ver sua glória. Desse modo, tanto de mansidão e amor sente a alma em Deus quanto de poder, majestade e grandeza, pois nele tudo é uma só coisa. Consequentemente, forte é o deleite, e também forte é o amparo, em mansidão e amor, para suportar a força daquele gozo. A alma, então, mais poderosa e forte se acha do que desfalecida. Se Ester desmaiou, foi porque o Rei, a princípio, não se mostrou favorável e, pelo contrário, manifestou, em seus olhos chamejantes, o furor de seu peito. Logo, porém, que a favoreceu, estendendo-lhe o cetro para tocá-la, e abraçando-a depois, a rainha voltou a si, tendo ouvido que o Rei lhe dizia: sou teu irmão, não temas (Est 15,16).

13. Aqui, desde logo procede o Rei do céu amorosamente com a alma; trata-a como de igual para igual, como se fora seu irmão; e assim desde logo não sente ela mais temor; porque manifestando Deus à alma com muita mansidão, e não com furor, a fortaleza de seu poder e o amor de sua bondade, comunica-lhe fortaleza e amor de seu coração. Levantando-se de seu trono que é o íntimo da alma onde se achava escondido, vem, qual esposo que sai de seu tálamo; inclina-se para ela, e, tocando-a com o cetro de sua majestade, abraça-a como irmão. Ali, as vestes reais com seu perfume – que são as virtudes admiráveis de Deus, o resplendor do ouro que é a caridade, o brilho das pedras preciosas, isto é, o conhecimento das substâncias superiores e inferiores, a face do Verbo cheia de graças – investem e revestem a alma rainha. Desse modo, transformada nestas virtudes do Rei do céu, vê-se feita rainha, a ponto de poder ser dita a seu respeito aquela palavra de Davi referindo-se a ela no Salmo: "A rainha esteve à tua direita, com veste de ouro, cercada de variedades" (Sl 44,10). Como tudo isso se passa na íntima substância da alma, ela acrescenta logo:

Onde tu só secretamente moras

14. Diz que em seu íntimo o Esposo secretamente habita, por ser no ponto mais profundo da substância da alma, como já explicamos, que se realiza este doce abraço. Convém saber que Deus habita escondido e silencioso dentro da substância de todas as almas; se assim não fora, não poderiam elas permanecer com vida. Há, porém, diferença, e muito grande no modo desta morada. Em algumas mora sozinho, e em outras não; em umas, habita contente; em outras, descontente; naquelas mora como em sua casa, governando e regendo tudo; nestas, mora como estranho em casa alheia onde não o deixam mandar nem fazer coisa alguma. A alma em que moram menos apetites e gostos próprios, esta é onde o Esposo mora mais só e mais satisfeito, e mais como em sua própria casa, regendo-a e governando-a. E tanto mais secretamente mora, quanto mais está só. Assim, nesta alma que já não abriga dentro de si apetite algum, nem figuras e formas, ou afetos de quaisquer criaturas, aí reside o Amado mui secretamente, e o seu abraço é tanto mais íntimo, interior e apertado, quanto mais pura e solitária se acha ela de tudo que não é Deus, como dissemos. Assim, está ele na verdade escondido, porque a este ponto e a este abraço, não pode o demônio chegar, nem o entendimento humano tem capacidade para saber como é. À própria alma, porém, que alcançou a perfeição, não é secreta tal presença do Amado, pois sente dentro de si mesma este íntimo abraço; contudo, nem sempre o experimenta

como nas ocasiões desse despertar de Deus nela; porque nesses momentos em que Deus lhe faz tal mercê, parece à alma que, de fato, Ele desperta em seu seio, onde antes se achava adormecido; e embora ela o sentisse e gozase, era como se Ele estivesse adormecido em seu seio. Ora, quando um dos dois está adormecido, não pode haver entre eles comunicação de pensamentos e de amores, até que ambos estejam acordados.

15. Oh! quão ditosa é a alma que sente de contínuo estar Deus descansando e repousando em seu seio! Oh! quanto lhe convém apartar-se de todas as coisas, fugir de negócios, e viver com imensa tranquilidade, para que nem mesmo com o menor ruído ou o mínimo átomo venha a inquietar e revolver o seio do Amado! Está ele aí ordinariamente como adormecido neste abraço com a esposa, na substância de sua alma, e ela muito bem o sente e de ordinário o goza; porque se estivesse ele sempre acordado, comunicando-lhe conhecimentos e amores, para a alma seria estar já na glória. Com efeito, se por alguma vez somente que o Esposo desperta um pouquinho abrindo os olhos, põe a alma em tal estado, como temos descrito, que seria se de contínuo permanecesse no seu íntimo, para ela bem desperto?

16. Outras almas há, não chegadas a esta união, nas quais Deus habita; embora não esteja aí descontente, porque, enfim, se acham em estado de graça, todavia, como não estão ainda dispostas, mora em segredo para elas; não o sentem ordinariamente, salvo quando ele lhes

faz algumas vezes essa mercê do despertar cheio de gozo, sem que, no entanto, este seja do mesmo gênero e quilate daquele a que nos referimos aqui, e nada tenha a ver com Ele. Nem é este favor de Deus tão secreto como aquele, para o entendimento e o demônio, pois é possível perceber algo pelos movimentos do sentido, o qual, até chegar ao estado de união, não está bem subjugado, e manifesta ainda algumas operações e movimentos em relação à parte espiritual, por não se achar espiritualizado de modo total e completo. No despertar, porém, que o Esposo opera nesta alma perfeita, tudo o que se passa e realiza é já perfeito, porque tudo é obra dele. À semelhança de uma pessoa quando acorda e respira, a alma sente um peregrino deleite na aspiração do Espírito Santo em Deus, no qual soberanamente ela se glorifica e enamora. Por esta razão diz os versos seguintes:

Nesse aspirar gostoso,
De bens e glória cheio,
Quão delicadamente me enamoras!

17. Em tal aspiração, cheia de bens e glória, e de delicado amor de Deus para a alma, não quisera eu falar, nem mesmo o desejo porque vejo claro que não tenho termos com que o saiba exprimir, e pareceria que os tenho, se o dissesse. Na verdade, trata-se de uma aspiração feita por Deus na alma, em que por meio daquele despertar – que é conhecimento sublime da Divindade – o Espírito Santo a aspira na mesma medida da inteligência e notícia de Deus que lhe concede, absorvendo-a o

mesmo Espírito Santo de modo profundíssimo, e ena-morando-a com primor e delicadeza divina correspon-dentes ao que a alma viu em Deus. Sendo essa apiração cheia de bens e glória, por ela o Espírito Santo encheu a alma de bens e glória, e nisto a enamorou de si mesmo, além de toda expressão e sentimento, nas profundezas de Deus a quem seja dada honra e glória. Amém.

Clássicos da Espiritualidade

Confira outros títulos da coleção em

livrariavozes.com.br/colecoes/classicos-da-espiritualidade

ou pelo Qr Code

Conecte-se conosco:

f facebook.com/editoravozes

⊙ @editoravozes

𝕏 @editora_vozes

▶ youtube.com/editoravozes

☎ +55 24 2233-9033

www.vozes.com.br

Conheça nossas lojas:

www.livrariavozes.com.br

Belo Horizonte – Brasília – Campinas – Cuiabá – Curitiba
Fortaleza – Juiz de Fora – Petrópolis – Recife – São Paulo